大迫力！異常存在

SCP大百科2

朝里 樹 監修

西東社

SCPの世界にようこそ

SCPってなんだろう?

SCPは2007年にアメリカの投稿サイトから生まれたフィクション(創作)だ。「SCP財団」というwebサイトがインターネット上にあり、「SCP財団は人類を危険な異常存在から守る秘密組織」という世界観のもと、世界中のクリエイターが財団と異常存在についての記事(作品)を書いている。記事はSCP財団職員による報告書というかたちで投稿され、自由に読める。

SCPをどう読めばいい?

SCPは世界中のクリエイターによって作られた完全なフィクション(創作)の世界だ。記事(作品)にはさまざまな生物、ありえない物質や現象などが書かれていて、どの話もとてもリアルでおもしろいので、現実で起きていることのように思うかもしれない。だが、あくまでつくられた物語である。そのことをきちんと忘れずに、SCPの世界にひたってみよう。

Special Containment Procedures

SCP財団の基礎知識

財団は世界中の人々を守っている秘密組織

SCP財団とは、現代では説明できない事象、物品、場所、生物などの異常存在の危険から、人々を守っている秘密の組織のこと。

財団には多くの職員がいて、一般人がおそわれたりまきこまれたりしないよう、世界中の異常存在について調査をおこなっている。

SCP財団の世界

現代の科学では解明できない現象、物品、生物、場所などのこと。中には放置しておくと世界を滅ぼす危険なものもある。

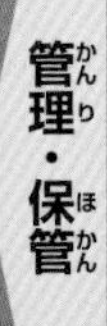

さまざまな異常存在をひそかに調査している巨大な組織。世界中の異常存在を捕獲し、財団施設で管理（収容）している。

財団の3つの使命、それは「確保」「収容」「保護」

財団の目的は、異常存在をむやみに破壊するのではなく、管理し、守ること。そこで財団職員は、以下の３つの使命をかかげて活動している。

確保 Secure

異常存在が一般人の手にわたり、利用されることがないよう、すみやかに財団が手に入れ、回収するか、封鎖をおこなう。

収容 Contain

異常存在の影響が一般人におよぶ前に、異常存在をすばやくかくし、財団の収容施設へと運び入れる。

保護 Protect

たとえ危険な存在でも、異常存在の性質や様子を完全に理解するまで、安全な方法で可能なかぎり保護することに努める。

この本では財団がこれまでに確認しているさまざまな異常存在を紹介していく。

財団の3つの使命

1. 確保

Secure

財団の職員は世界中で活動しており、さまざまな通信をひそかに受信するなどしながら、はば広く監視をおこなう。もし異常存在を確認したら、一般人の手にわたる前に確保する。回収が不可能な場合、一般人が近づけないよう道を封鎖したり、立入禁止区域にしたりするという。

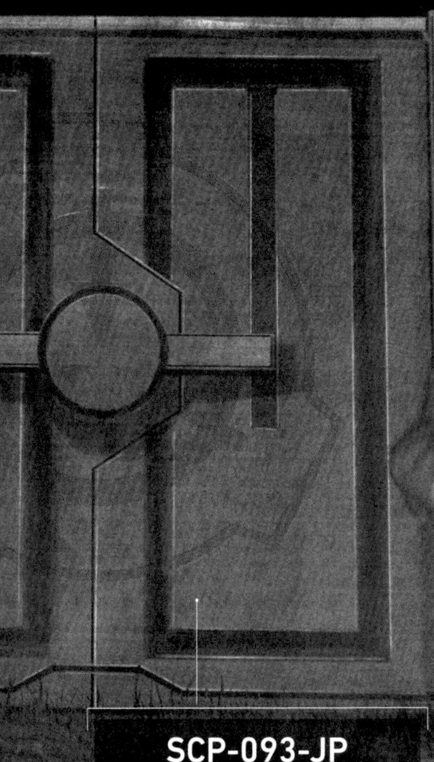

SCP-093-JP

生還可能な廃トンネル

出口がない廃トンネル。ここに入った人はゆくえ不明になり、代わりにその人そっくりのヒト型実体が、トンネルから出てくる。現在は一般人の侵入を防ぐため、担当職員が常時監視している。

Special Containment Procedures

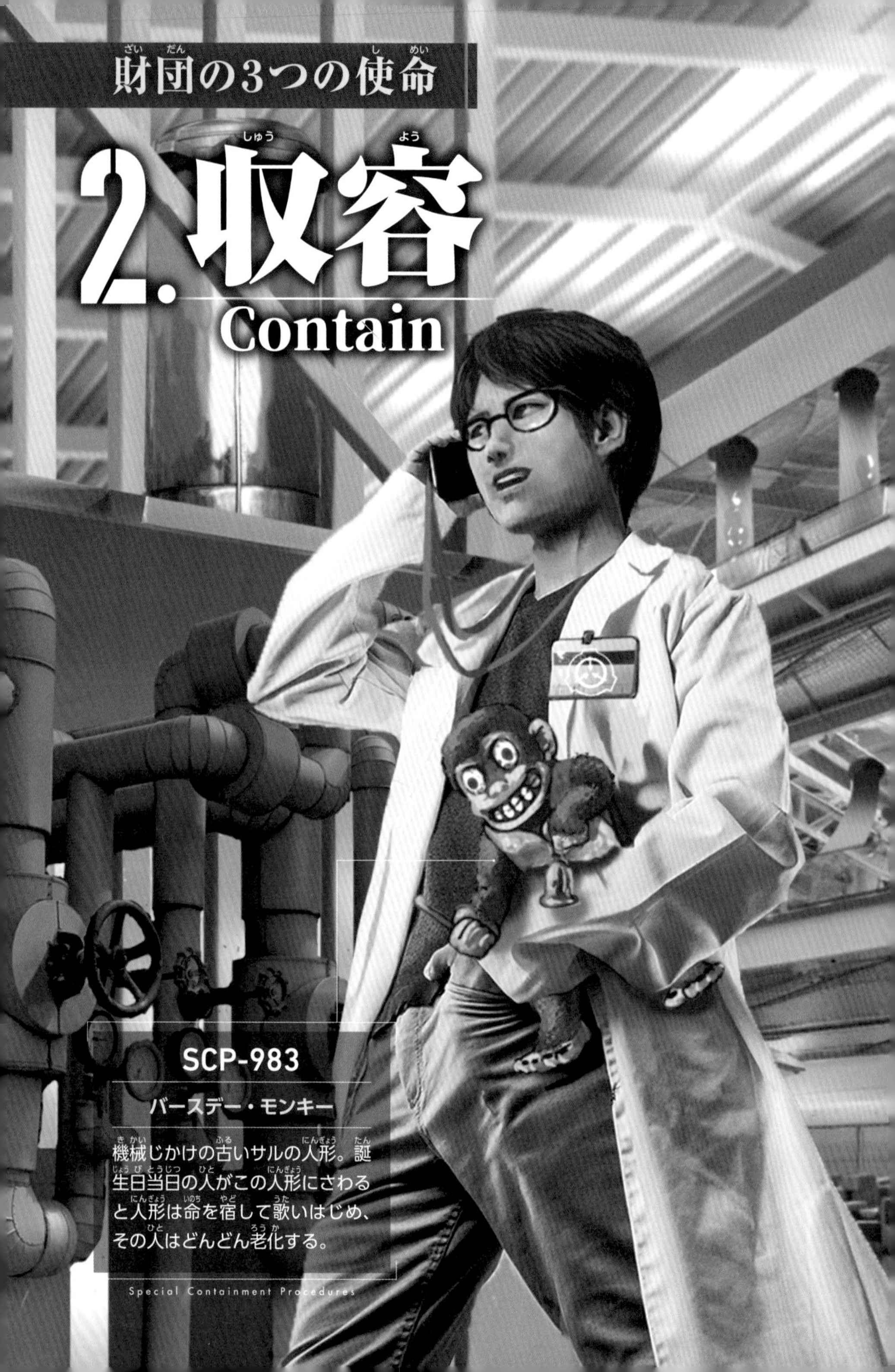

財団の3つの使命

2.収容

Contain

SCP-983

バースデー・モンキー

機械じかけの古いサルの人形。誕生日当日の人がこの人形にさわると人形は命を宿して歌いはじめ、その人はどんどん老化する。

Special Containment Procedures

異常存在を確保したあと、財団職員はすみやかに「サイト」や「エリア」と呼ばれる施設へ異常存在を移送する。サイトは、企業や政府などが使う一般的な建物のように見せかけた施設を指し、サイトごとに特徴がある。エリアは、一般人の住む場所から遠く離れた場所にある施設で、危険性の高い異常存在が収容されることが多い。

Special Containment Procedures

SCP-1762

ドラゴンの逝く場所

中からさまざまな折り紙のドラゴンが出てくる段ボール箱。折り紙のドラゴンは近くにいる人間とたわむれ、箱にもどっていく。

財団(ざいだん)の3つの使命(しめい)

3. 保護(ほご)
Protect

SCP-049

ペスト医師

触れるだけで相手を死なせ、殺した人の肉体を改造する医師。鳥のくちばしのようにとがったマスクをつけているように見える。収容後は財団に協力的で、数多くのインタビューが実施されたが、現在は職員との交流は禁止されている。

異常存在は、収容の難易度別にクラス分けされ、各施設へと移送される。財団に対して友好的な異常存在であれば、ときに協力をあおいだり、情報を提供してもらったりすることもある。危険な異常存在であっても、むやみに無力化せず、人類がその存在を理解できるときが来るまで、施設で保護し続けるのだ。

もくじ

File 1

File 2

File 3

File 4

※本書の情報は2024年6月時点のものです。

本の見方

SCPのタイトル

解説

SCPの特徴や現在の収容状況などを紹介している。財団の秘密事情は■■■（伏字）であらわしている。

SCPの絵

異常存在のすがたが描かれている。

職員報告書

豆知識や補足情報を紹介している。

分類

本書独自の基準で怪人、怪物、現象、物質の４種類で分類している。

怪人

怪物

現象

物質

データ

◆SCP番号：SCPの番号。

◆危険度：SCPの危険度を本書独自の基準であらわしている。☆が多いほど遭遇すると危険。

◆オブジェクトクラス：収容のしやすさの目安。

- Safe（セーフ）：安全に収容できる。
- Euclid（ユークリッド）：安全に収容するには多くの資源が必要。
- Keter（ケテル）：収容することが難しい。

◆収容方法：SCPを収容する方法や対策が書かれている。

◆原題：SCPのメタタイトル。

Special Containment Procedures

File 1

TIPS

SCP財団の構成メンバー

財団の職員は主にA～Eクラスに分けられる。このうち、異常存在と接触する機会が多いのはCクラスとDクラスだ。Cクラス職員は観察や実験などの業務を担当する。Dクラス職員はもと犯罪者などで構成されたメンバーで、危険な実験をおこなうときに集められる。

職員報告書

この異常存在のまばたきは一度も観察されていない。ビデオで18時間以上記録されたときも、まばたきしなかったという。そのため、見つめ続ける必要のある異常存在の監視の利用が検討されている。

まるでペットのような涙型の生物

体長がおよそ30cm、中央に青いひとつ目をもつ、涙の形をしたペアの生物。職員からは親しみをこめて「アイポッド」と呼ばれている。それぞれバーントオレンジとマスタードイエローの色をしている。底には車輪のような出っ張りがあり、これを使って数秒で60mも進むなど、速い移動が可能だ。

ネコくらいの知性があり、おたがいはコミュニケーションをとっているようだ。好奇心がとても強く、愛情深く接するとなついてくる。なついた人物に危険がせまっている場合などは足元で回って知らせてくれることもあるという。現在、アイポッドは、財団施設内を自由に動き回り、仕事中の職員を観察したり、収容中の異常存在をのぞき見したりしているという。

File 1

アイポッド

データ　SCP-131

危険度 ★★★　オブジェクトクラス Safe

収容方法 施設から出ようとしない限りは、サイト-19内を自由に移動させてかまわない。

原題『"アイポッド"』

お腹すいたわ
ドーナツが良いの

データ SCP-085

危険度 ★★★ オブジェクトクラス Safe

収容方法 収納施設にある１枚の白い画用紙の中に住む。収容室から紙を持ち出すことは禁止。

怪人

原題『手描きの"キャシー"』

File 1

手描きの“キャシー”

おいしいわ

財団の研究から生まれた紙の中の女性

サマードレスを着たポニーテールの女性。自我をもち、声は聞こえないが、手話や文字を通して会話できる。名前はカサンドラだが「キャシー」と呼ばれることを好むそうだ。

人間や動物以外なら、キャシーと同じ紙の上に描き足したものに対し、キャシーは触れたり摂取したりすることができる。そのため職員にスケッチを要求し、食べ物や服などを描いてもらうことがあるという。

彼女は、自動的に芸術作品を描く万年筆（SCP-067）と、ぜんまいじかけの改造装置（SCP-914）の間でおこなわれた実験から生まれた、人工的な異常存在だという。孤独を感じつつも、職員とは今のところ友好的に接しているようだ。

ありがとう

はらぺこ列車

なんでも食べちゃうおもちゃの列車

木でできたおもちゃの列車。先頭部分にのみ異常があり、内側に脳や細胞などがあることがわかっている。周りの木の部分はふつうのおもちゃと変わらないので、こわれないように注意しなければならない。

先頭部分が走っているときになんらかの物体が目の前にある場合、列車は目の前の物を吸収して自分自身に取りこむ。吸収された物体には、まるでトンネルのような穴があく。列車は木や金属などあらゆる物質を吸収でき、とりこむたびに自らの体を大きくするようだ。体にとりこめない一部のものはガスに変えられ、えんとつから出てくる。列車が吸収するものとして、生きているものをより好む。現在、列車はどんどん大きさを増しており、いずれは収容が難しくなりそうだといわれている。

職員報告書

この列車が発見されたのは、子どもたちがゆくえ不明になる事件の現場からにげる「おもちゃの汽車」が目撃されたことがきっかけだという。情報を得た財団が機動部隊を送り、捕獲に成功した。

File 1
データ SCP-737
危険度 ★★★ オブジェクトクラス Safe
収容方法 列車が好まない銅でできた金庫内に保管。
にげないよう横にたおした状態で置く。
物質
原題『はらぺこ列車』

南海ピザデリバリーズ

太陽系にある宅配ピザ屋さん

火星から天王星の軌道上にかけて分布している「南海ピザデリバリーズ・ザ・ギャラクシー」という宅配ピザ屋さん。

このピザ屋に注文すると、地球までピザを運んできてくれるという。現在までにバイクに乗った７体の人型が観測され、地球に向けて進んでいる。ただし、推定時速25kmという非常にゆっくりとした速さなので、地球につくまでには、少なくとも800万年以上はかかるとされる。ピザを注文する方法は通常のピザデリバリーと同じで、電話をかけると機械音声ガイダンスにつながり、その指示にしたがってピザを注文するシステムのようだ。

収容が不可能なため、現在は財団がもつ衛星により、ピザ屋の監視、電波妨害をおこなっている。

職員報告書

この宅配ピザ屋の「ピザ・K」という謎の人物から、地球に向け宣伝や電話番号が発信されている。だが財団の調べでは、南海ピザデリバリーズという企業は過去にも現在にも存在していない。

File 1
Deliveries The Galaxy
NANKAI PIZZA
データ
SCP-904-JP
危険度 ★★★
オブジェクトクラス Euclid
収容方法 収容は不可能なので、財団のもつ衛星により、監視や電波妨害をおこなっている。
怪人
原題『南海ピザデリバリーズ』

データ
SCP-953
危険度 ★★★
オブジェクトクラス
Keter
収容方法 サイト-17の99番廊下端のタイプ4収容セルに収容し、人間との接触は禁止。
怪物
原題『妖狐変化』

File 1

妖狐変化

人間の肝臓を好む残酷な妖狐

とても残酷で暴力的な、「クミホ」と呼ばれる朝鮮半島に伝わる九尾の妖狐。９本の尾をもつメスのキツネの化け物で、変身能力により、とても美しい女性に姿を変えられるが、尾や耳などの特徴は変身後も残っているという。さらに、テレパシーの力もあり、人間をつかまえて新鮮な肝臓を食べるそうだ。

クミホがはじめて目撃されたのは、第二次世界大戦直後の韓国だという。財団に確保されてからも、クミホは６回も脱走している。脱走後、アメリカのとあるイベントにすがたを見せたクミホは、一度に20数名もの人間を殺害する事件を引き起こした。現在は財団の施設に収容され、厳重に監視されている。

職員報告書

クミホの弱点はイヌだという。特にイエイヌにほえられるとおびえて10ｍ以内に近づこうとしないため、クミホの収容施設には犬舎を設置し、ハウンドなどの猟犬に見張らせている。

常盤の桜

地球をこおりつかせる成長し続ける桜の木

愛知県豊田市にある桜の木で、2021年２月時点で高さが121mもある巨木。この桜は、周囲1.6kmのエリアより外から、太陽や地面、生物などあらゆる熱エネルギーを吸収する不思議な力をもつ。エネルギーによって桜は１週間に50cmずつ成長し、常に満開の状態を保っている。桜の周囲は日本の春の平均温度（約12度）が保たれ、どんな樹木も常に葉や花をつけているという。

過去には桜の木を燃やそうと試みたことがあるが、失敗に終わっている。このまま桜の木が成長を続けると、いずれ地球はこおりつくことになるが、桜は太陽や大気からも熱エネルギーを吸収しているため、成長を続ける。そのため、財団はわずか100人の人類を、桜の影響がおよぶエリア内に住ませる計画を実行。来たるべき時に備え、100名に人類の未来がたくされることになった。

職員報告書

この桜の木は、1933年に近くの住民による「春でもないのに桜がさいている」という報告で発見された。発見時の木の高さは3mほどだったという。その後、財団が管理するうちに異常性が発覚した。

File
1
データ
SCP-1857-JP
危険度 ★★★
オブジェクトクラス
Apollyon
収容方法 桜の木がある山の周囲は立ち入りを禁止。木を傷つけることも禁じられている。
現象
原題『常盤の桜』

ゴリラ戦

ゴリラのぬいぐるみを出すUFOキャッチャー

ゴリラのぬいぐるみを作り出すUFOキャッチャー。見た目はふつうのUFOキャッチャーだが、ここでとれたぬいぐるみのすべてがゴリラに変わる。さらにゴリラがほかのぬいぐるみにふれると、そのぬいぐるみもゴリラのぬいぐるみに変化する。

ゴリラはフェルトにワタがつまったよくあるぬいぐるみだが、話したり歩いたりすることができる。しかも、手先が器用で武器をつくったり、ワナをしかけたりするのが得意だという。しかし、ゴリラたちの攻撃はラクガキをしたり、開きかけたドアの上に液体の入ったバケツをしかけたりするなどイタズラ程度のものだという。ゴリラのぬいぐるみはアメリカのゲームセンターであばれていたところを発見された。現在は23体が財団に収容されている。

File 1

職員報告書

ゴリラのぬいぐるみをやぶいたりすると、異常なまでに痛がり、死んだような状態になることもある。ただし、「死んだふり」をしているだけで痛みは感じておらず、しばらくすると動き出すらしい。

データ SCP-3092

物質

危険度 ★★★ オブジェクトクラス Euclid

収容方法 中にぬいぐるみを入れず、コンセントに差しこまないようにして空き部屋に収容。

原題『ゴリラ戦』

くすぐりオバケ

どんな相手も幸せにしてしまうスライム

ふれた相手を幸せな気持ちにする、オレンジ色のねばねばした生物。通常のサイズは幅2m、高さ1mほどだが、大きさと形は自由に変わる。遊びたがりでイヌのような性格で「ごぼごぼ」「くうくう」といった音をあげるという。

表面にふれるだけで幸せな気持ちを感じることがわかっており、長くふれるとくすぐりオバケからはなれてもその気持ちが続くそうだ。そこで、財団は不死身の爬虫類（SCP-682）という凶暴な生物に会わせてみた。くすぐりオバケがくすぐり出すと、不死身の爬虫類は笑いながら「気持ちいい」と言い、ごろごろ転がった。ただし、笑いすぎたせいで体から正体不明のエネルギー波を放出し、多くの人が死亡する悲劇が起きてしまったという。

File
1
データ
SCP-999
危険度 ★★★
オブジェクトクラス
Safe
収容方法 施設内であれば自由に歩くことを許可。ただし夜に檻から出してはいけない。
怪物
原題『くすぐりオバケ』

職員報告書

REPORT NUMBER

くすぐりオバケ

表面からとてもいい香りがする

くすぐりオバケは、もっとも近くにいる人間に向かってズルズルとはいずって近づいていく。そして、その人の上にジャンプして、２本の足のようなもので相手を強くだきしめる。さらにもう１本の足のようなものを出し、その人の顔をなでてくれる。「ごぼごぼ」「くうくう」という音はこのときに発せられるようだ。

このとき、くすぐりオバケの表面からは、だきしめた相手にとって心地のよい香りを発散されているという。香りはさまざまで、チョコレート、洗いたてのせんたくもの、ベーコン、バラ、子ども用の粘土などの香りが報告されている。

くすぐりオバケの表面からは、チョコレートの香りがしたこともあったという。

くすぐりレスリングが得意技

くすぐりオバケがもっとも好む行動は、相手の首から下をすっぽり覆いかぶさってくすぐる「くすぐりレスリング」である。この行動は、覆われた人がやめてと要求するまで続くが、やめてと言っても簡単にはやめてくれないらしい。

かつて、わざとではないが相手が傷ついてしまったことがある。このとき、くすぐりオバケは体を小さくしてふるえ、まるであやまるように「ごぼごぼ」と音を立てていたということだ。

むしろ、くすぐりオバケは、自分以外を救うために自らの命を危険にさらすこともある。かつて、人間が動物に向かって銃を撃ったことがあった。このとき、くすぐりオバケは自分の体で弾丸を受け止めたそうだ。

人類をふくむ動物への愛が深く、身をもってかばってくれる。

キャンディとお菓子が大好き

くすぐりオバケが食べるのは、キャンディとお菓子だ。お気に入りは、とあるメーカーのチョコレートとウェハースで、それらをあたえると、まるでアメーバのように食べる。

一方、カフェインの入ったソフトドリンクは飲まない。あるとき、職員がカフェイン入りの飲み物をあたえてしまった。くすぐりオバケはその日は移動や食事を拒否したという。

重力の虹

空へと落ちる雨を降らす虹色の雲

空の高いところにあるうっすらと光る雲。下にある雲に影響をあたえ、影響を受けた雲から降る雨にふれると、重力が反対になる。このとき影響を受けた雲は、虹色に見えるという。虹色になった雲からの雨にふれた生物や固体は、重力が逆になり、地面ではなく空に向かって引っ張られるようになるのだ。

地中にしっかり固定された物体をのぞき、雨にぬれたすべての人、物が猛スピードで地面から上に飛んでいってしまう。この雲自体は、高度80kmものところにあるが、もし空に向かって飛んでいったものがこの雲にふれると消えるという。アメリカでこの雨が降ったと思われる小さな農村が発見されている。この村では多くの人が空へと「落ちて」消えてしまったという。

File 1

職員報告書

雨が降った農村では、地下シェルターにいた住民以外のすべての建物と人々がゆくえ不明になっていた。調査にやってきた人や車も、雨でぬれた地面にふれただけで空に消えたという。

データ SCP-858

現象

危険度 ★★★ オブジェクトクラス Keter

収容方法 雨のサンプルは保管庫に収容。この雨が降る可能性が高い地域の住民は避難させる。

原題『重力の虹』

ドラゴンカタツムリ™

ドラゴンのような火をふく生物

ワンダーテインメント博士という謎の人物が作った、カタツムリに似た生物。体の長さは20cmほどで、カタツムリのようなカラが背中についているが、小さなツノやアゴをもち、顔はドラゴンに似ているようだ。色やもようがちがう６種類の卵から生まれ、卵がわれて最初に見た人物を親だと思いこむという。そのため、生野菜と水をやればペットとして飼うことができるそうだ。

口の中にはガスをためておけるふくろがある。このガスに火をつけると「ファイアブレス」と呼ばれる炎をふき出す。ファイアブレスはおこらせると出る。ワンダーテインメント博士によると、家が火事にならないように気をつけたほうがいいという。

データ SCP-111

怪物

危険度 ★★★　オブジェクトクラス Safe

収容方法 サイト-19にあるガラスの容器で適切に飼われている。給餌は週1回おこなわれる。

原題『ドラゴンカタツムリ™』

職員報告書

この生物は、財団に関わりのある会社にある日とつぜん送られてきた小包に入っていたという。小包には、12個の卵とワンダーテインメント博士が書いたと思われる手紙が入っていた。

自分会議

7人の自分と会議ができるテーブル

古めかしい会議用のテーブルで、8つ以上のイスがある場合に異常が起きる。だれかがこのテーブルのイスに座った場合、その人物のコピーがほかの7つのイスにあらわれる。この7人はもとの人物と同じ記憶や知識をもっているが性格はそれぞれちがう。ただし、全員が本人の人生のためになるよう意見を出しあう。本人がテーブルをはなれても7人は存在し続けるが、1日で消える。

まれにこの7人どうしがあらそい暴力をふるうことがある。そこでもし7人のだれかが死ぬようなことが

File 1

あれば、イスに座った人物の人格に大きな影響をあたえるという。テーブルに使われている木材をくわしく調べると、3000年ほど前のものだとされるが、いつだれがなんの目的で作ったのかは不明である。

職員報告書

たとえば自分への悪い意見を聞かないという性格のコピーが死ぬと、本人は自信を失ってしまう。なまけ心の性格のコピーが死ぬと、本人はねむれなくなり、休みをとらなくなってしまうという。

データ SCP-434

物質

危険度 ★★★ オブジェクトクラス Euclid

収容方法 使用しないときは保管庫に収容。暴力的な人や人型SCPの使用は禁じられている。

原題『自分会議』

コーヒー自動販売機

どんな液体も出すことができる自動販売機

本体にキーボードがついていて、どんな液体も注文できる自動販売機。見た目はふつうの自動販売機だが、お金を入れるとキーボードで液体の名前を入力できる。すると、注文した液体が紙コップに注がれる。コーヒーや水などの飲み物以外にも洗剤やオイル、ガラスなど、97種類が出てきたことを確認されている。約50回使うと動かなくなるが、約90分後には自動的に補給が完了し、ふたたび使えるようになるという。

過去に人の名前を入力したとき、近くにいたその名前の人物の血やあせなどの液体が紙コップから出てきて、その人はたおれてしまった。このことから、この自販機は液体の材料を近くにあるものを移動させて出していると考えられ、注文する内容には気をつける必要があるようだ。

職員報告書

自動販売機が何を出せるかの実験はたくさんおこなわれている。「今まで飲んだ中で最高の飲み物」のような注文でも、対象人物の心を読みとり、入力した条件に合った液体を出したそうだ。

File 1

データ SCP-294

危険度 ★★★ オブジェクトクラス Euclid

収容方法 職員休憩室に置かれている。レベル2以上の職員が関わることができる。

原題『コーヒー自動販売機』

青いマッチ棒

マッチ箱を開けると広がる銀世界

周囲を寒くし、雪を降らせるマッチ箱。32本のマッチ棒が入っており、箱の底には雪の結晶のマークが刻まれている。このマッチ棒で火をつけようとすると、火花ではなく雪のかけらが飛び散る。そしてマッチ箱の周りの気温がどんどん下がっていき、強風がふいて雪が降り出すのだ。この効果はマッチ箱を中心とした半径１kmにもおよぶ。同じ効果はマッチ棒を使わずに箱を開けたままにした場合でも起きる。箱のふたを閉めると異常は止まり、もとの気候にもどるという。マッチ箱による雪の中にいると、雪合戦をする小さな人影が目撃されることもある。

マッチ箱は、1987年にアメリカのある場所で季節外れの吹雪が起きたとき、その中心地で発見された。現在は財団で厳重に保管されている。

職員報告書

マッチ箱を開けて雪が降る中に、３人の職員が入って調査をする実験をおこなった。しかし人はもどってこなかった。このときのビデオ映像に小さな人影と雪合戦をする３人が映っていたそうだ。

File 1

データ SCP-649

危険度 ★★★ オブジェクトクラス Safe

収容方法 サイト-77のロッカーに保管。実験中以外は開けたり、移動させたりすることは禁止。

物質

原題『冬でいっぱいのマッチ箱』

キャンドルリング

感覚に異常を引き起こす指輪

小さなロウソクをさせる、プラスチックでできたピンク色の指輪。この指輪をはめてロウソクに火をつけると、感覚に異常を引き起こす。

指輪による感覚の異常はふたつあり、ひとつは、ロウソクの火が自分の寿命とリンクしているように思い、火が消えると自分の命も消えてしまうと感じるというもの。もうひとつは、自分の周囲で起きている出来事が、通常よりもはるかに速く過ぎ去っていくように感じられるというものである。この異常は、指輪をつけた人の感覚にだけ影響をあたえるものであって、人体へ悪影響をおよぼすわけではないとされている。

指輪は現在、財団に回収され、収容ロッカーに保管されている。

職員報告書

財団の実験で、ロウソクが完全に燃えつきたあと、1人の実験者が死亡したという。この実験者の死の原因は現在調査中のため、■■■■■■博士は指輪の実験を保留すべきだと主張している。

データ SCP-1064

物質

危険度 ★★★

オブジェクトクラス Safe

収容方法 セクター-28内の密封収容ロッカーに収容中。さらなる予防措置はしていない。

原題『キャンドルリング』

職員報告書

2020年、しげみにいたイエネコが飛び出し、ゆれた葉が境界にふれて異常空間が消えた。30年以上学校を見守り続けた佐々木研究員補佐は、内部にいた人々を集めて「ようこそ未来へ」と言葉をかけたという。

データ SCP-2040-JP

現象

危険度 ★★★ オブジェクトクラス Keter

収容方法 学校の周囲1kmを封鎖し、関係者の職員に学校を監視させた。

原題『ようこそ未来へ』

File 1

ようこそ未来へ

中学校に発生した時空間異常

時間の流れが異常におそくなる、原因不明の異常空間。1987年３月、とある中学校全体を取り囲むように異常空間が発生した。この空間の外から見ると、学校にいる人たちは１年で数cmしか動かず、時が止まっているかのように見えた。

財団は、空間内に閉じこめられた生徒たちの家族などの協力のもと、中学校の監視を続けた。異常空間は校門を境目にはじまっていた。校庭には２人の生徒が校門に向かって歩いていた。この２人が空間の境目である校門にたどりつけば、空間になんらかの変化が起きるかもしれないが、２人が校門にたどりつくまで200年以上もかかる計算だという。

ところが2018年、１人の女子生徒が玄関でラブレターを読み終え、校門に向かって走り出した。計算によれば、彼女は20年以内に境界の校門にたどりつけるという。この変化は人々に希望をあたえたが、２年後、偶然にも異常空間は消えた。

魔性のヘクトールと恐怖のティターニア

太古の巨人がうまった逆さまの大木

アマゾン熱帯雨林にある巨大な樹木。この大木は地下空洞に長い根をのばしている。この大木のそばを通ると地上近くの根が動き、人でも動物でも機械でも、なんでも地下空洞内に引きずりこもうとするという。また、根の側面からは未知の毒霧を吐き出しており、地下空洞は濃い霧に包まれている。

財団の調べによると、地上から地下約7.5kmの地点に、６つの目と６本の腕をもつ魔性のヘクトールと呼ばれる巨人が、ヤリを手にした状態で体半分以上、大木にうまっている。ときおりもがくように動くが、財団が刺激を加えても反応しない。

この大木や巨人は、人類の文明以前のものであるらしい。現在、大木は特別監視下のもと調査中で、周囲１kmは立ち入りが禁止されている。

File
1
データ
SCP-6666
危険度 ★★★
オブジェクトクラス Esoteric
収容方法 異常存在の中でもトップシークレットのひとつ。半径1km以内は職員も立入禁止。
物質
原題『魔性のヘクトールと恐怖のティターニア』

SCP
Special Containment Procedures

職員報告書

REPORT NUMBER

魔性のヘクトールと恐怖のティターニア

大木にうまった巨人ヘクトール

　この大木にうまっている魔性のヘクトールは、人類が生まれるはるか以前に存在していた古代文明の生物の1人だという。ヘクトールは「魔性」と呼ばれる太古の存在の1体で、魔性の存在は全部で4体いることがわかっているものの、その存在について不明なことが多い。

　財団は、この大木や太古の生物の存在について、SCP-073、通称「カイン」をはじめ、古代文明についてくわしい者たちにインタビューを実施。財団は、この大木は「ティターニア」という名前の妖精の女神の死体ではないかと推測するが、くわしいことは現在も調査中だ。

カインは太古の歴史にくわしい。

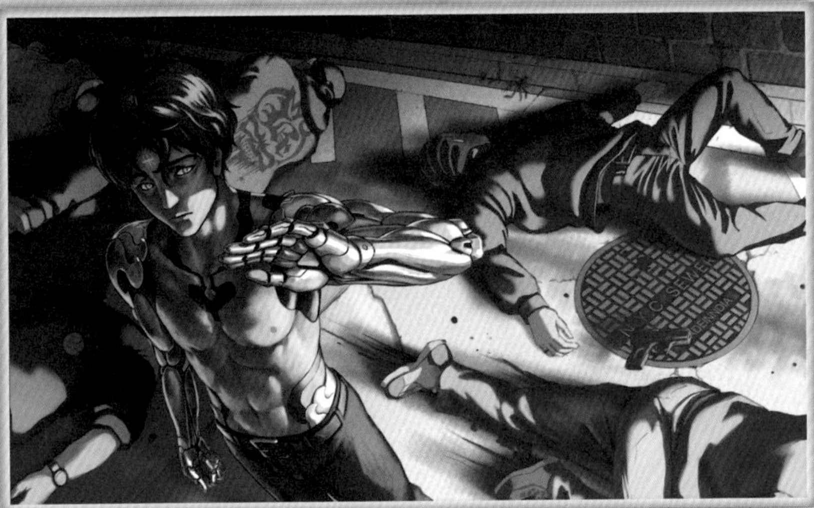

illust：精神暗黒街こう／『異常存在SCP大百科』より

File 1

大木の地下で見たもの

財団は大木の地下にそってドローンを飛ばし、調査を開始。すると地下深くに広大な遺跡を発見した。遺跡には石造りの建造物、荷車、調理器具などが見つかり、さらに人型生物の死体などもあったという。地下のもっとも深いところには、謎の森が広がっていた。

さらなる調査のため、財団は探索チームを作り、森に入って調査をおこなう。そこでチームのメンバー全員が、奇妙な笑い声やかん高い鳴き声などを聞き、さらに巨大な実体を目撃したという。チームのメンバーの多くは森からにげのびたが、何名かは犠牲になってしまった。大木の地下深くの森には、人類の知らない何かがひそんでいるようだ。

探索チームは、フィルターつき呼吸器を備えた特別なスーツを着用して地下を調査した。

大木の活性化とヘクトールの声

探索のとちゅう、これまで死んでいたと思われていた大木が活性化。木の幹は赤い光を放ち、地下にのびる根は、大量の毒霧を発射した。すると魔性のヘクトールがあばれ出し、「我が声を聞け、おぞましきティターニア」などと話しはじめたという。地下の森で出会った謎の巨大実体をふくめ、これらは何を意味するのか、現在も調査中である。

大団円

みんながハッピーエンドになれる世界

精神に異常をもたらす情報。図形、文書、音声の３種類がある。図形は「ニコちゃんマーク」、文書はこの情報について書かれたもの、音声はこの情報に影響を受けて変化した人の笑い声や歌声だ。これらを見たり聞いたりした人は幸せを感じて笑い声をあげる。そして目、鼻、口、まつ毛、まゆ毛が消えて、顔がニコちゃんマークに変化する。変化した人々は病気が治り、肉体が強化される。人々はある場所をめざし、破壊に強い肉体で邪魔するものがあっても直進する。目的の場所に着いた人同士は手をつないで円をつくり、楽しそうに歌う。すると太陽、雲、花、動物などあらゆるものにニコちゃんマークが出現しはじめ、やがては世界中のものにマークがあらわれ「しあわせ」な世界になるという。

職員報告書

この異常は情報を知るだけで感染する。そこで財団は「クオリア値（PQL）」という情報を知るためのレベルを定めた。情報レベルを超えた人は「PQLが閲覧上限値を超過」と表示されるという。

File
1
データ
SCP-1374-JP
危険度 ★★★
オブジェクトクラス [PQLが閲覧上限値を超過しています]
収容方法 図形や音声のデータは削除し、資料を閲覧する場合は、脳に特別な処置をする。
現象
原題『大団円』

Safeクラスオブジェクト

「危険ではない」と周囲に思わせる仏像

見た目は23.5cmのヒノキ製のふつうの仏像だが、周囲にいる人間の「危機管理能力」「危険に気づく力」をうばってしまう異常存在。1400年代末ごろに作られた大日如来像で、いつごろから財団がこの存在に気づき、施設に収容したのかは報告書に記されていない。

この仏像を確保した当初は、仏像を見ることで影響を受けると考えられていた。だが数か月後、この仏像がそばにあるだけで、危機管理能力が下がることがわかった。現在、仏像は財団に反抗的な職員の居住エリアに置かれている。仏像の影響により、反抗的な職員は「財団はあぶない存在ではない」と思うようになり、勤務態度がよくなったそうだ。

File 1

職員報告書

仏像を確保して数か月後に、複数の職員が仏像の影響で危機管理能力が下がり、ほかの異常存在が脱走する事件が起きた。この調査結果から、仏像は周囲の人間に影響をおよぼすことがわかった。

データ SCP-209-JP

物質

危険度 ★★★ オブジェクトクラス Safe

収容方法 板厚20mm以上の透明なアクリルケースに入れ、反抗的な職員の居住エリアに設置。

原題『Safeクラスオブジェクト』

異常存在の破壊を試みる財団のライバル組織

世界オカルト連合とは、最先端の武器や装備を使って、異常存在たちの破壊を試みる要注意団体である。「人類をすべての敵から守り通す」という信念をもった集団で、GOCとも呼ばれる。要注意団体とは、異常存在に対して財団とは異なる目的をもって活動している組織のことだ。

世界オカルト連合の構成メンバーは霊媒師、科学者などが中心で、世界中に勢力を広げており、国連とも関わりがあるといわれている。彼らの目的は超自然的な存在を破壊することであり、異常存在もその対象である。つまり、財団の使命である「確保・収容・保護」と意見が対立しているのだ。

ただし、異常存在の能力の影響があまりに強すぎる場合など、まれに財団と目的が近い場合には、力を合わせて戦ったり、行動したりすることもあるという。

File 1

世界(せかい)オカルト連合(れんごう)

SCP
Special Containment Procedures

職員報告書

REPORT NUMBER

SCP財団以外の組織

カオス・インサージェンシー

元財団職員がつくった組織

異常存在を保護するのではなく、自分たちの利益のために利用する組織。もとは財団の機動部隊だったメンバーで構成されている。過去に財団から異常存在をぬすみ出したこともあり、財団とは敵対している。

サーキック・カルト

人類征服をもくろむ組織

カルキスト・イオンという開祖の教えを信じる団体。弱者をしりぞけ、人類を征服することを目的とする危険な組織である。組織のなかには、魔術などを用いてふつうの人間を超えた肉体を手にしている者もいる。

SCP財団とは目的がまったく異なる組織

SCP財団以外で異常存在をあつかう組織のことを「要注意団体」と呼ぶ。彼らは、人類を守るため、あるいは自分たちの利益のために活動しており、財団にとっては敵にも味方にもなりうる存在だ。

壊れた神の教会

機械を愛する組織

人間の肉体と生命は邪悪で、機械を重要だと信じる集団。世界に30万ものメンバーがいる巨大組織で、大きく3つのグループで構成されている。異常存在を「神」の一部だと信じており、財団とは敵対している。

蛇の手

異常存在の収容に反対する組織

異常存在を社会からかくすことに反対している団体。財団が収容している異常存在をぬすみ出そうとする。少人数の組織ながら手強く、L.S.という指導者がいるらしい。特に世界オカルト連合と対立している。

終わらない英雄譚

データ SCP-268-JP

物質

危険度 ★★★ **オブジェクトクラス** Euclid

収容方法 本の内容を確認したうえで、収容室の専用ケージに収納されている。

原題『終わらない英雄譚』

File 1

危機がループする終わりのない物語

黒い皮の表紙にタイトルだけ書かれた本。過去に命を救われた人がこの本にふれると、本の中に閉じこめられる。生きて現実にもどる方法は今のところない。本に閉じこめられた人がピンチになると、死んだはずの恩人である「英雄」があらわれる。その人は英雄にふたたび命を救われるが、英雄は代わりに死ぬ。すると新たな「章」がはじまり、その人がピンチになるたびに英雄が助ける、ということを延々とくり返す。

このループを止めるには、その人が英雄に助けられず、命を落とすしかない。するとその人は死体となって現実世界にもどることになる。本にあらわれる英雄には自我があり、命がけでその人を助けるかどうかを、毎回選択していると考えられている。

現在、財団で管理している本の中で最長は4538章。本には８歳の少女が閉じこめられており、財団の「英雄」エージェント・佐久間により4537回も命を救われている。

職員報告書

エージェント・佐久間は、かつて異常存在を回収する任務中に、８歳の少女を救って死んだという。少女が生きて本から抜け出す方法を見つけるまで、佐久間は少女を救い続けるのだろうか。

さまざまなオブジェクトクラス

supplement

収容しやすいかどうかの目安

財団では、すべての異常存在に対して「オブジェクトクラス」をわりあてている。これは、その異常存在の収容がしやすいか、難しいかの目安である。

おもなオブジェクトクラスは「Safe（かんたんで安全に収容できる）」、「Euclid（収容に多くの資源を必要とし、予測できない要素をふくむ）」、「Keter（確実な収容が難しい）」の３種類だ。Keterは、手段または費用が理由で完全な収容が難しいということであり、その異常存在の危険度が高いということではない。

一方で、めずらしいオブジェクトクラスがわりあてられている異常存在もある。常盤の桜（➡P26）にわりあてられている「Apollyon」は、収容が不可能かつ、収容違反が予想されるものを示す。このクラスの場合、世界を終わらせてしまう可能性があり、財団にとって非常に難しい対象である。

また、現在は収容の必要がなくなったオブジェクトクラスもある。「Neutralized」は、そのオブジェクトがこわれたか、または力を失ったことにより、現在は異常ではなくなったことを示している。

そのほかにも「財団神拳」（➡P72）にわりあてられている「Achoo!」のように、その異常存在をよりわかりやすく伝えるための特別なオブジェクトクラスもまれに存在する。

収容違反のおそれのある異常存在は、特に厳重な管理が必要そうだ。

Special Containment Procedures

File 2

TIPS

セキュリティクリアランスレベル

財団職員がアクセスできる情報は、レベル0からレベル5までに分けられている。最重要機密であるレベル4はサイト管理者、セキュリティ責任者、機動部隊指揮官が見ることができ、レベル5は基本的にO5評議会（➡P168）のメンバーしか見ることができない。

データ
SCP-2639
危険度 ★★★
オブジェクトクラス Euclid
収容方法 隔離室でコンピュータを保管。レベル4職員以外のアクセスは禁じられている。
現象
原題『ビデオゲーム・バイオレンス』

ビデオゲーム・バイオレンス

ゲームの中に閉じこめられた少年少女

現実世界に、一定の広さのゲーム空間があらわれる異常現象。その空間の中で３人の10代の男女が戦いをくり広げている。３人は超人的なパワーとスピードをもち、異常な能力をそなえた武器を使いこなしている。じつはこの３人は、1997年にゆくえ不明になった子どもたちで、自分たちがゲームのなかに閉じこめられたことに気づかないまま、10年以上プレイをし続けていたという。

2010年に１台の電源なしで動くコンピュータが発見され、事件が発覚した。あるとき、財団の博士がゲーム内でコンタクトをとった結果、３人はゲームに閉じこめられていたことを知る。現在、彼らは財団の機動部隊「Ω-9（スクラブ）」の一員となり、異常存在の収容違反に対応するチームとして活躍している。

SCP
Special Containment Procedures

職員報告書

REPORT NUMBER

ビデオゲーム・バイオレンス

ゲームに閉じこめられた3人の正体

ゲーム内での存在が確認されたのは、グロリア、ジム、トーマスという3名の少年少女たちだ。財団の博士がゲーム内のチャットで話しかけたことをきっかけに、3人はモンスターだと思って攻撃していた相手が、現実の世界の人間だと知った。この重い事実を知った3人は大きなショックを受けた。

あるとき、財団施設で異常存在の収容違反が発生。このとき、助けを求めてきた博士を3人が救出した。この事件をきっかけに、3人は機動部隊「Ω-9（スクラブ）」というチームを結成。現在は収容違反に対応する活動をしている。

グロリア・スタンフェルド	ジム・イヤーデン	トーマス・ワーデン
GRRGRL	WTF_STFU	BOOGER

16歳。コンピューターの持ち主で、チームのリーダー。	16歳。口が悪く、荒々しい性格のようだ。	15歳。優しく落ち着きのある性格のようだ。

ゲーム空間内のルール

3人がプレイしているゲーム空間が現実にあらわれる場合、以下のようなルールが存在しているようだ。

・3人が空間内に実体化していられる時間は1〜2時間。

・空間は目には見えないカベに囲まれており、3人は空間外に出ることはできない。

・プレイ中にケガをしても苦痛などは感じない。

・ゲーム内で肉体が破壊されても、同じ空間内のどこかで復活する。

・空間内には、22種類のオブジェクトが散らばっている。

・オブジェクトに3人がふれるとパワーアップしたり、武器に使用する弾薬パックが入手できたりする。

・グロリアが新たなマップを読みこむことで、新たにゲーム空間が実体化する。

・現在、出現する場所は、グロリアが選ぶことができるようになっている。

つまり、実体化している時間内であれば、3人はほぼ無敵状態で戦うことができる。最強の部隊といえるだろう。ただし、3人はゲームを介して現実世界にあらわれることはできるが、3人はまだゲームの中に閉じこめられたままで、助け出す方法は現在も見つかっていない。

3人が閉じめられているゲームのコンピュータは、財団が保管中だ。

幻想蝶

見た目を自由に変えられる蝶の集団

擬態（別の何かに似せること）をする蝶の集団。アメリカに生息するキジマドクチョウのような見た目をしており、バラバラにはならず集団全体で行動する。活動していないときは、周りの環境の色や質感を擬態するので見つけることができない。もし攻撃などを受けた場合は、ライオンの群れやティラノサウルスなどのおそろしい見た目の何かに擬態する。不死身の爬虫類（SCP-682）に擬態したこともある。

蝶たちには知性があり、コミュニケーションが可能だ。色を変える能力を使って返事となる文字を作る。ブラジルで発見されたときに財団の博士が交渉し、サイト-17に同行することに同意した。コンドラキ博士（➡P74）になついており、行動をともにすることが多いようだ。

職員報告書

エサとなる砂糖水を入れ忘れたときは職員に擬態して、飼育場から脱走した。このときはたくさんの半身猫のジョーシー（➡P110）に擬態し、サイト内にパニックを引き起こした。

危険度 ★★★　オブジェクトクラス Safe

収容方法 目の細かい網でおおわれた飼育場に収容。エサとなる砂糖水は週に1度確認する。

原題『幻想蝶』

財団神拳

科学の力で生み出された武術

科学的根拠にもとづく財団秘伝の武術。財団職員は日々、財団神拳のトレーニングを積んでいる。今も研究がされており、新たな技が開発されている。もともと、科学的に役立つ拳技をまとめていた█████博士という職員がいた。かつて、30人の職員が脱走したとき、博士はたった1人で職員たちを止めた。

この事件をきっかけに財団神拳が知られるようになった。おもな技に、かたい物体を破壊する「共振パンチ」、手から発生させた音波で遠くのものを破壊する「共振遠当て」、確率論で銃弾をよける「確率論的回避」などだ。財団の一部の博士のなかには、これらの技は科学的に不可能だという意見もあるが、実際に職員たちは使いこなしているため、その技を信じるしかないようだ。

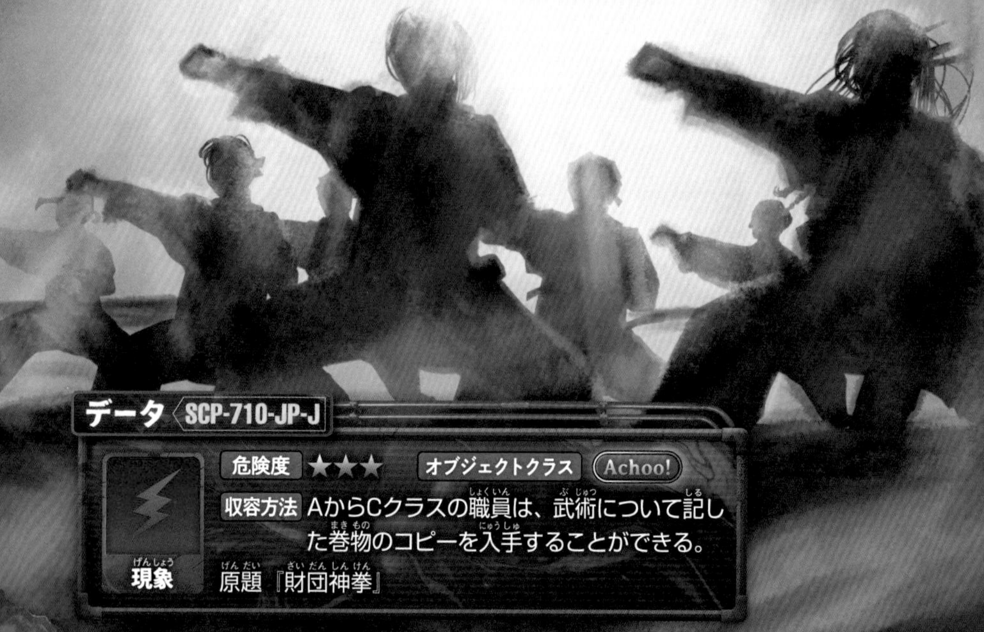

データ SCP-710-JP-J

現象

危険度 ★★★ **オブジェクトクラス** Achoo!

収容方法 AからCクラスの職員は、武術について記した巻物のコピーを入手することができる。

原題『財団神拳』

職員報告書

技はほかにも、量子もつれ現象で遠くの物体を破壊する「テレポ遠当て」、正拳突きで爆風の衝撃をおさえる「爆風キャンセリング」、特別な歩き方で壁をすり抜ける「量子歩法」などがある。

コンドラキ博士

特別なカメラを生み出した研究者

コンドラキ博士は、サイト-17で働いている科学者であり写真家でもある。仕事がないときは、カメラの改良や研究をしている。そんな博士が生み出したのがSCP-515-ARC通称「蝶々のカメラ」である。

このカメラは、複数の異常存在の技術を用いて改造されている。特に重要なパーツが、撮影に必要なイメージセンサという部品に使われているSCP-408「幻想蝶（➡P70）」だ。蝶からとった細胞が使われており、蝶たちの近くにあるときに能力を発揮するという。このカメラを使えばサイト全体の防犯カメラの映像内容を変えることも可能であることがわかっている。現在は博士の私物とともに保管されている。

File
2
5000HB
SCP-143

REPORT NOMBER

コンドラキ博士

博士と幻想蝶の関係

コンドラキ博士は高い撮影技術をもつ写真家として働いていたが、幻想蝶が発見と収容されたことで出世し、幻想蝶の主任研究員となった。

博士は蝶たちと上手に会話ができ、ほかのエージェントたちが見つけることのできない擬態した幻想蝶を捕まえることもできた。財団が蝶たちにインタビューした結果、蝶たちに言葉を教えたのはコンドラキ博士であることもわかっているが、どのように意思を通わせたのかは不明だ。

当初、財団は、コンドラキ博士は財団の許可を超えた情報をもっているのではと警戒したものの、特に疑う理由は見つからなかったという。

幻想蝶が似ているとされているキジマドクチョウ。

カメラに複数の異常存在を活用

蝶々のカメラには、幻想蝶（➡P70）以外にも複数の異常存在の技術が使われている。外装は「刃桜（SCP-143）」で改造し、「焼けむし（SCP-295）」入りの透明ガラス容器に接続した発光・発熱システムを利用。シャッターは「判定ガメ（SCP-698）」の機能を反転して使用している。

これらの改造により、明るさに関係なくピントの合った写真が撮れたり、解像度がほぼ無限大の画像記録を得ることが可能になっている。

また、本体上部に取りつけられた大型の外づけフラッシュはかなり強力で、人の近くで使えばヤケドや一時的な失明を引き起こすという。

外装

刃桜（SCP-143）

花びらと幹が異常に硬く、しなやかな桜の木。カメラの外装に使われている。

フラッシュ

焼けむし（SCP-295）

異常に明るい物質を出す毛虫。外づけフラッシュに使われている。

シャッター

判定ガメ（SCP-698）

まちがった選択をすると正しいことを教えてくれる、彫刻されたひすいのカメ。このカメをシャッターおよびセンサーに用いることで、どんなものも撮影できる。

イメージセンサー

幻想蝶（SCP-408）

見た目を変えられる蝶々。イメージセンサーに用いることで、音声による撮影と、解像度がほぼ無限大の画像を撮れる。

職員報告書

結晶化の実験が中止されたとき、SCP-682は「関わったすべての職員を殺し食らいつくしてやる」と憎しみをあらわにした。現在、SCP-682は結晶化に対する耐性ができているという。

伝染性の水晶

ふれたものを結晶化させる水晶

ふれたものすべてを結晶化させる異常物体。高さは約1.5m、幅は約0.6mで、大きな水晶に似た形をしている。生物ではない物がふれた場合、ふれた部分の周囲数cmだけ結晶化するだけだが、生きている物がふれた場合、毎分約2.5cmの速さで結晶化が全体に広がり、完全に結晶化後、こなごなに破裂する。この水晶は、とある山の地中にうまっているところを財団に回収された。

あるとき、█████博士の提案でSCP-682通称「不死身の爬虫類」を結晶化する実験がおこなわれた。だが、結晶化は約62%で止まり、結晶部分が破裂。SCP-682は体の一部を失ったが、自己修復能力により回復し、実験は失敗に終わった。

データ SCP-409

危険度 ★★★ オブジェクトクラス Keter

収容方法 花崗岩の容器に常時保管。輸送の際は、密閉された花崗岩のコンテナを使用する。

物質

原題『伝染性の水晶』

宇宙飛行士のジョー

火星にポツンと建つ一軒家

火星のボレアレス平原に建っている家。アメリカによくあるタイプの住宅で、家の中にある家具などもふくめて、火星の過酷な環境でもこわれることなく存在している。

NASA（アメリカ航空宇宙局）の探査機によって発見、記録された。特別な技術を用いたスペースシャトルに乗り、財団職員が調査に向かった。住宅内のキッチンで、男女２名の凍った遺体が発見された。彼らは平均-51℃といわれる火星の低気温により凍死したと考えられる。テーブルには食べかけの食材が凍っていた。２階には子ども向けのベッドルームがあり、天体やスペースシャトルが描かれたポスターがはられていた。部屋の真ん中にはダンボールで工作されたスペースシャトルがあり、中では少年が亡くなっていた。

職員報告書

少年は、かぶっていたおもちゃの宇宙服のヘルメットが凍って顔にくっついてしまっていた。キッチンの男女とはちがい、長期間食べ物が食べられなかったことが原因で死んでしまったと思われる。

データ SCP-1162

物質

危険度 ★★★ オブジェクトクラス Safe

収容方法 周囲の環境に似た外見になるよう家をぬりかえ、発見される可能性を低くしている。

原題『宇宙飛行士のジョー』

リヴァイアサン

島とまちがえるほど巨大な怪物

推定では2000 ~ 8000kmの間とされる超巨大生物。古くから「リヴァイアサン」という名前で知られている海生節足動物である。19■■年、財団の調査により、とある列島がもとの位置から３km以上も動いていることが判明した。財団は当初、並外れて速い大陸移動によるものと考えていたが、のちの調査により、島と思われていたものは巨大生物の一部であることがわかった。

現在、巨大生物は１週間に１km未満というスピードで南大西洋を移動中だ。巨大生物はねていると考えられているが、もし目を覚ましてあばれられたら、大陸は大きな被害をこうむるだろう。財団はNASA（アメリカ航空宇宙局）に協力をあおぎ、巨大生物の観察を続けている。

緊急特報

あの「都市伝説大百科」の怪人たちが 超リアルフィギュアになって現る!

ターボババア

八尺様

トイレの花子さん

注射男

くねくね

町・住宅街

八尺様

身長が240cmほどもあるとされる怪人。帽子をかぶっており、「ぼぼぼぼぼ」といった不気味な笑い声をあげるという。八尺様に気に入られてしまうと数日以内に死んでしまう。

注射男

全身包帯をまいて、町をさまよう怪人。電信柱のかげにかくれて子どもをまちぶせし、「今、何時？」と時間を聞いてくる。そうやって油断させた子どもの腕に注射をして、去っていくという。

田んぼ

くねくね

全国各地の田んぼにあらわれる。まっ白い体をくねくねとくねらせながら動き、遠くから見るだけなら問題ないが、間近で見てしまうと、頭がおかしくなってしまうといわれている。

怪人目撃マップ
もしかしたらキミのすぐ近くにも…
高速道路
ターボババア
高速道路を車で走っているときに目撃される老婆のすがたをした怪人。よつんばいで車を追いかけてきて、走るスピードは車と同じくらいだという。
トイレの花子さん
赤いスカートをはいたおかっぱすがたの女の子の幽霊。学校の3階にある女子トイレの3番目のとびらを3回ノックし、「花子さん、遊びましょう」というと、返事が聞こえるという。

File 2

職員報告書

あるとき、とある米海軍艦は巨大生物の存在に気づいた。そこで財団はアメリカ政府の許可のもと、軍艦を乗員ごとしずめた。巨大生物が公になることは、絶対にさけなければならないのだ。

データ SCP-169

怪物

危険度 ★★★ オブジェクトクラス Keter

収容方法 巨大すぎて収容は不可能。NASAの協力を得て衛星写真などから動きを観察する。

原題『リヴァイアサン』

絶対に帰らない迷惑なセールスマン

アメリカのワシントン州の住宅で起こる現象。突然、居間やトイレなど、家の中のドアからノック音がくり返し聞こえてくるという。家の人がドアを開けると、どこからやってきたのか身長約1.7mの白人の男性があらわれ、なんらかの商品を売りつけようとする。たとえ追い出しても、今度は別のドアからもどってきて、より強い口調で商品を売りつけようとする。その商品の価格はお金ではない。ただし、バラの花一輪に対して「心臓」を求めるなど、対価と見合わないことが多い。商品を売るまで帰ってくれないため、非常にやっかいな存在だ。

財団による収容は不可能なため、ワシントン内の警察の報告書を監視し、対象を発見次第、機動部隊を派遣している。

職員報告書

これまでバナナ220本に対して家中の砂糖、核融合爆弾ひとつに対してCDアルバム2枚、犬1匹に対して購入者の12年分の時間などが、セールスマンへの支払いの対価として報告されている。

データ SCP-1879

危険度 ★★★　オブジェクトクラス Keter

収容方法 収容は不可なので、発見次第、機動部隊ロー-4(別名"靴のセールスマン")を派遣。

原題『インドアなセールスマン』

File
2
インドアな
セールスマン

データ SCP-4205

不明

危険度 ★★★ オブジェクトクラス Keter

収容方法 現状が不明のため収容できていない。目撃者はすぐに報告しなければならない。

原題『目は口ほどに物を言う？』

File 2

目は口ほどに物を言う？

一瞬のうちに長い幻覚を見せるおそろしい目

見た人は即死してしまう、おそろしい琥珀色の一対の目。この目は、ガラスのような透明な物体の内側にあらわれる。もし目を見てしまうと必ずすぐに脳死する。過去の監視カメラの映像などから、これまでにこの目による事件が37件起きたことがわかったが、生存者は1人もいない。財団は現在もこの目を収容することはできていない。

財団のウェイド・ダリッツ次席研究員も、この目を見て亡くなった被害者の１人である。しかし財団には、彼が目を見てから７日間の文章による記録が保存されている。即死したはずの彼がなぜ、７日分の記録を残すことができたのだろうか。おそらく、琥珀色の目は、被害者が即死にいたる一瞬の間に、７日分の幻覚を見せたのだと考えられている。

SCP
Special Containment Procedures

職員報告書

REPORT NUMBER

目は口ほどに物を言う?

ダリッツ研究員に何が起きたのか?

ガラスの中の目を目撃した新人研究員のウェイド・ダリッツが残したテキストやデータは一部がこわれていた。ネットワーク上に残された編集ログによると、ダリッツが目を見たあと即死したはずなのに、ダリッツの死後、複数のデータが財団のデータベースに保存されていたことがわかっている。

データの中には、ダリッツによる異常存在の記録や彼の父親にあてたと思われるメッセージもふくまれていた。即死したはずの彼の記録は7日分あり、その間にウェイドが精神的に追いつめられていく様子がつづられていた。

ダリッツ研究員は多くのメッセージを残した。

機動部隊Xi-6「セントエルモの火」による調査

ガラスの中の目について調べるため、財団は機動部隊Χ-6「セントエルモの火」を編成した。彼らは、ダリッツの死後に保存されたファイルのくわしい調査をおこなっている。

ダリッツが残した記録によると、玄関の窓には目が出現しなかったという。玄関の窓を調べたところ、窓には鉛をふくむ成分がぬられていた。このことから、ガラスの中の目は鉛のガラスに対して拒絶反応を示すことがわかった。財団は施設内のガラスを鉛でコーティングし、職員に特別なメガネやコンタクトレンズの使用をすすめている。これらの対策の結果、現在はこの目に関連する死亡者が84%減っている。

ただし、ガラスの中の目は、現在も収容ができておらず、引き続き収容方法の研究が進められている。

琥珀色の目は、これまでに強化ガラス、すりガラス、アクリル樹脂などに出現している。

電子機器に異常をもたらす?

この目を目撃した瞬間に近くにあった電子機器の記録には、ゆがみや破損が起きるようだ。過去の被害者が目を見た瞬間をとらえた映像には、その人がよく行った場所などが表示されていた。ダリッツの場合は、目を見たときに使用していた財団の電子機器の記録が影響を受けたのだろう。なぜこの現象が起きるのかは財団で調査中である。

無限のチョコと虫がわき出る装置

人間や動物をエサにする、高さ１mほどのチョコレート・ファウンテン（とかしたチョコを噴水のように流す装置）。上部からチョコのような液体を流すが、近くに人間などがいると上部から数百万もの茶色いアリが出てくる。アリはあっという間に人間にむらがり、アゴで肉体をかみとって装置の内部へともどる。

もし近くにエサがない場合は、ハネの生えた虫やクモに似た生物が大量に出てきてエサを探し出す。１体ずつは弱く、つぶせば液体になって消える。しかし、金属に穴を開けることができ、装置からはとめどなくあふれてくることから、虫たちを完全に防ぐことは難しそうだ。装置からあふれ続ける液体や虫がどこから来るのか、虫たちが持ち帰った肉体がどうなるのかわかっていない。

職員報告書

装置をこわそうとしても虫たちが守り、直してしまう。現在は、この装置を収容している部屋にエサを定期的に送りこむことで、部屋からエサを探す虫たちが出てくることを防いでいる。

File 2

チョコレート・ファウンテン

データ SCP-743

危険度 ★★★ オブジェクトクラス Keter

収容方法 定期的に生きたエサをあたえる。それ以外のあらゆる活動はロボットがおこなう。

物質

原題『チョコレート・ファウンテン』

子供のための遊園地

望みどおりのすがたになる遊園地

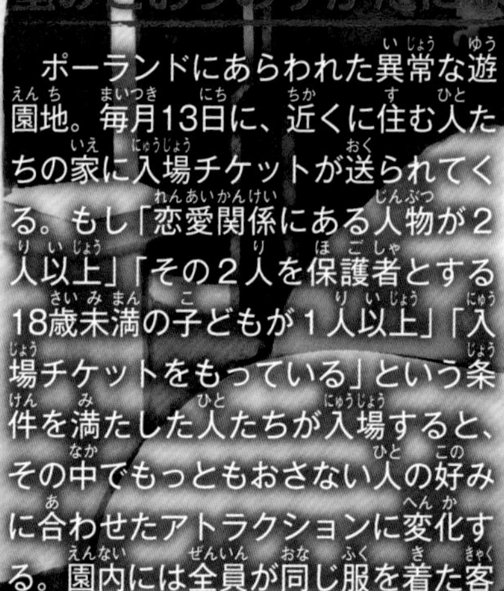

ポーランドにあらわれた異常な遊園地。毎月13日に、近くに住む人たちの家に入場チケットが送られてくる。もし「恋愛関係にある人物が2人以上」「その2人を保護者とする18歳未満の子どもが1人以上」「入場チケットをもっている」という条件を満たした人たちが入場すると、その中でもっともおさない人の好みに合わせたアトラクションに変化する。園内には全員が同じ服を着た客やスタッフがあらわれる。彼らは、全員が異常なほどに親しげである。

財団の職員が家族とともに遊園地に入り、園内のスタッフに話しかけた。しかし、遊園地をいつ、だれが作ったのかなどの質問には答えず、職員を遊園地から追放した。このとき職員の娘が園内に取り残されてしまい、今も救出できていない。一部の入場者は、遊園地から出られなくなってしまうこともあるようだ。

職員報告書

一瞬で姿を変えるエイリアン遊園地として話題になったため、財団が知ることになった。園内では、アトラクションに乗るのにも、グッズや食べ物、飲み物を買うのにもお金はいらないという。

File
2
データ
SCP-1357
危険度 ★★★
オブジェクトクラス Safe
現象
収容方法 遊園地の周囲を監視し、出入口には警備員を配置。近づく人がいたら記憶処置する。
原題『子供のための遊園地』

登ることこそ

雪山にいどみ続ける小さな登山家

周りにある物に登る、小さな人型実体。中国でもっとも小さい山として有名な「静山」で発見された。登山道具が入ったリュックを背負い、登山用の服を着ている。見た目は人間と似ているが体温は0℃しかなく、肉体は氷水や砂糖、岩でできているという。

この人型実体は近くに登れそうな物を見つけると、頂上を目指して登りはじめる。するとその物の上に雲があらわれ、雪が降り出し、気温が下がっていく。登れば登るほど吹雪が激しくなるが、登ることをあき

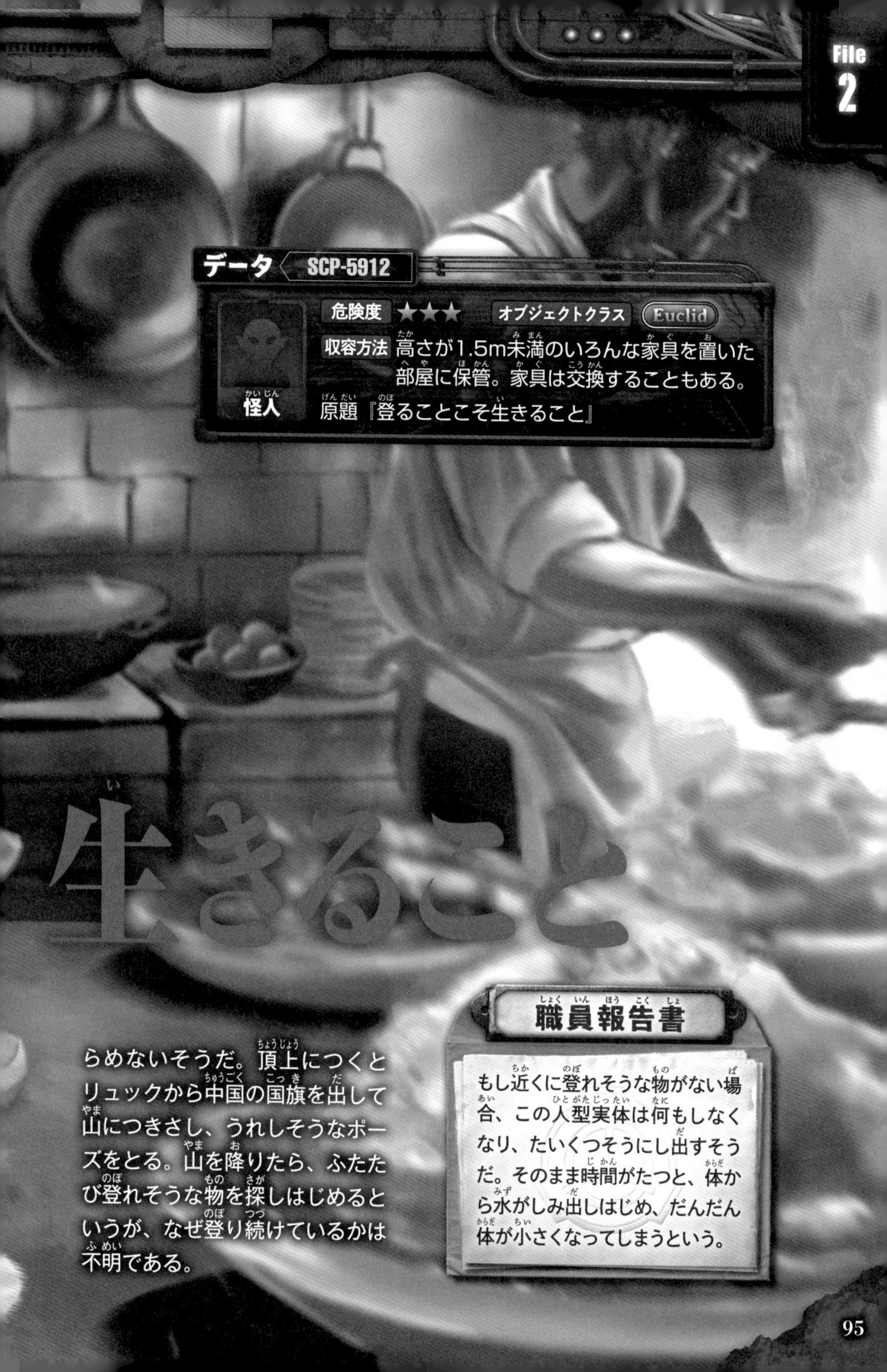

データ SCP-5912

危険度 ★★★ オブジェクトクラス Euclid

怪人

収容方法 高さが1.5m未満のいろんな家具を置いた部屋に保管。家具は交換することもある。

原題『登ることこそ生きること』

生きること

らめないそうだ。頂上につくとリュックから中国の国旗を出して山につきさし、うれしそうなポーズをとる。山を降りたら、ふたたび登れそうな物を探しはじめるというが、なぜ登り続けているかは不明である。

職員報告書

もし近くに登れそうな物がない場合、この人型実体は何もしなくなり、たいくつそうにし出すそうだ。そのまま時間がたつと、体から水がしみ出しはじめ、だんだん体が小さくなってしまうという。

金色の悟り

水にもぐることを夢見たクラッカー

知性をもった、魚の形をしたクラッカーのお菓子。声を出したり、１秒間に約20cmの速さで空中を泳ぐように移動したりできる。すべての個体が「天にのぼること」を夢見て、水にもぐりたいと願っていた。

このクラッカーは、いつからか不明だが財団が収容し、サイト-37のアイテムロッカーに保管されていた。ところがあるとき、ひとりの研究員がお菓子とまちがえて袋を開けてしまった。クラッカーたちは袋からにげ出し、１体が部屋の通気孔から脱出して念願の池にもぐった。するとその１体は、苦痛の声を上げながら溶けてしまった。それを見ていたクラッカーたちはおとなしくなり、脱走することをやめたという。

File 2

職員報告書

1体を犠牲にしてしまったが、残りのクラッカーたちは、自分の体が水に溶けやすいことに気づき、水にもぐることは無謀な夢であったことを悟ったため、おとなしくなったのだろうか。

FISH CRACKER

データ SCP-7962

怪物

危険度 ★★★　オブジェクトクラス Safe

収容方法 クリップ留めされた状態で、サイト-37の標準的なアイテムロッカーに保管中。

原題『金色の悟り』

データ
SCP-822
危険度 ★★★
オブジェクトクラス
Euclid
収容方法 職員は常に5m以上はなれておき、水やりや土の手入れは自動化されている。
物質
原題『地雷サボテン』

File 2

地雷サボテン

近づくと大爆発を起こすサボテンの爆弾

わずか30日間で成長し、爆弾と化して大爆発するサボテン。成長するにつれてガスがつまったふくろが中心部に作られ、高さ10cm、直径25cmほどになって表面は金属と同じくらいかたくなる。最後に花が開き、動物をさそうにおいを出すようになる。そして10～20kgほどの生物が3m以内に近づいた瞬間、ガスがつまったふくろが大爆発を起こす。かたい表面のかけらが飛び散って生物にささることで種を運ばせるのだ。爆発時に死亡しなかった生物も、かけらによる毒で6時間以内に死んでしまう。

いくつかの実験により、サボテンは死体やロボットには反応しないことや、完全に外が見えず、音も聞こえず、温度も感知できない状態にしても生物の接近に気づくことなどがわかっている。

職員報告書

地雷サボテンは、ある軍事試験場で発見された。調査をすると数百個の地雷サボテンが生えているエリアが存在した。財団は数個のみを残し、エリアに火をつけて地雷サボテンをすべて燃やした。

データ
SCP-1733
危険度 ★★★
オブジェクトクラス Safe
収容方法 サイト███の安全なビデオ保管庫に保存。研究の際はゲーラー博士の許可が必要。
物質
原題『開幕戦』

職員報告書

ソーシャルネットワークサイトを監視していた職員が、この試合に関する奇妙な掲示板の書きこみを発見。ボストン在住の人物からデジタル機器ごと回収し、この異常録画の発見にいたった。

開幕戦

デジタル録画に閉じこめられた人々

2010年10月26日にボストンでおこなわれたバスケットボールのシーズン開幕戦を録ったデジタル録画。一見、ふつうのデジタル録画だが、再生するたびに内容が変化していく異常性をもつ。

録画の中の人物たちは、なぜか再生するたびに記憶を引きついでいて、何度目かの再生で自分たちが同じ時間をくり返していることに気づくという。やがて試合どころではなくなり、選手も観客席も入りみだれて大さわぎとなる。やがては録画内の人間同士でなぐり合ったり、あやしげな儀式をしたりするという。

現在、デジタル録画は財団の安全なビデオ保管庫に保存され、再生実験は中止されている。

生きているように活動する恐竜の化石

博物館にかざられていたアロサウルスという恐竜の化石。全体の80%が恐竜の骨、20%が人工物でできているが、生きている恐竜のように昼は活動して夜は休止するという生活をしている。人間もふくめ、エサと思ったものを食べようとするが、骨だけなので食いちぎったエサは隙間からボロボロとこぼれてくる。

この化石は、19███年に発見された。当時の記録に特に異常はなく、組み立てられて博物館で展示されていた。20███年のある夜に、博物館に入りこんだ人物をこの化石がつかまえて殺したことで、異常性が発覚した。現在は、大草原の環境を再現した50×50mの広い部屋で保管されている。栄養は必要ないが、攻撃性の高い本能をおさえるために3日に1回、エサがあたえられている。

データ SCP-250

危険度 ★★★ **オブジェクトクラス** Euclid

収容方法 50×50mの大草原の環境が再現された部屋で保管。化石が活動中の接近は禁止。

原題『アロサウルスの大部分』

アロサウルスの大部分

職員報告書

博物館に入った人物が化石に殺された日から、古生物学者の█████████████博士がゆくえ不明になっている。殺された人物は博士とは別人だったため、博士がどこに行ってしまったのかは謎である。

*ほんのなかに

本の世界に入ってしまうブックスタンド

外向きの竜の頭がついた金属でできたひと組のブックスタンド。1冊の本をこのブックスタンドの間にはさんだ状態で部屋から出ようとすると、その部屋の内部がはさんだ本の世界に変わってしまう。部屋にあるドアは、本の物語に登場する場所にランダムにつながるようになる。

ブックスタンドもはさんだ本とともに本の中の世界に移動しており、ブックスタンドを発見してはさんだ本を取りのぞけば、見つけたドアから脱出することができる。

もし本の物語が終わる前に、ブックスタンドを見つけることができなければ、世界がリセットされて物語が最初からスタートする。その場合、中に入った人はそれまでの記憶を失って、本の世界の登場人物になってしまうという。

File 2

いる*

データ SCP-826

物質

危険度 ★★★ オブジェクトクラス Safe

収容方法 数字のキーボード式の鍵がついた金庫で保管。開けるための鍵の配列は毎週変わる。

原題『＊ほんのなかにいる＊』

SCP
Special Containment Procedures

職員報告書

REPORT NUMBER

＊ほんのなかにいる＊

『大草原の小さな家』の実験記録

財団は『大草原の小さな家』という小説で、ブックスタンドを使った実験をおこなった。この小説は広々とした大草原で新たな生活をはじめようとする一家の物語だ。この本の世界に入った職員は、登場人物に出会い、夕飯に誘われたという。その家を訪れたとき、職員はだんろの上にブックスタンドと本を見つけた。職員が登場人物に「本を持っていっていいか」とたずねたら問題なかったため、本を手に取り、家のドアを開けて脱出した。現実の時間では、5分しかたっていなかったという。

実験後、この職員の行動は小説に書かれていたという。

職員は本の世界に入ったとき大草原に落とされたという。

DVDや短編小説の実験記録

ブックスタンドにはさむものは、本にかぎらなくともいいことが実験でわかった。スタンリー・キューブリック監督による『シャイニング』というホラー映画のＤＶＤをブックスタンドにはさんだところ、職員は映画の世界に入ることができた。このとき、職員は登場人物のだれにも会わずに脱出したため、ＤＶＤの内容はあまり変わらなかった。

また、物語を変えてしまった実験記録もある。海外のファンタジー小説の短編集を使った実験で、職員は自己防衛のため登場人物の２人を殺してしまった。職員は脱出できたものの、主人公がつかまり処刑されるという物語に書きかえられてしまったという。

DVDをはさむと映画の世界に行くことになる。

本の世界の住人になった職員

財団の博士が書いた『振るとレーザーが出る剣』という短編小説を使った実験もおこなわれた。博士に命じられて、職員は作中の剣を持った状態で脱出したという。だが、なぜか自分は物語の登場人物だと思いこんでしまい、本の世界にもどることを主張。職員は本の世界の登場人物になってしまい、彼の名前は財団の記録から消えてしまった。

手荷物紛失所

謎の手荷物が流れてくるコンベア

乗せたはずのない物品が流れてくるという、ある国際空港にあるコンベア式手荷物受取所（飛行機にのせた乗客の手荷物をわたすための場所）。流れてくるのは、アメリカ軍が使用するライフル、ナイフ37本などの危険性の高いものから、未知の金属素材でできた衣服などさまざまだ。

この装置が生み出していると思われる物品は乗客の脳に影響をあたえるため、ほかの荷物と区別がつかず、自分の荷物とかんちがいして引き取ってしまう。この影響は荷物を開けたあとも続くため、荷物の中身を使おうとして大けがをしてしまうこともある。過去の実験では研究者がコンベアから流れてきた物品を開けたところ、2名が死亡する大事故が起きたが、装置にはなんの傷もなかったという。

職員報告書

物品がどこからあらわれるのかは、よくわかっていない。手荷物受取所の装置がだれにも見られていないすきに、急速に電力を消費して物品を生み出しているのではないかとされ、財団は監視につとめている。

データ SCP-985

物質

危険度 ★★★ オブジェクトクラス Euclid

収容方法 3台の監視カメラと、最低1名の職員により常に監視をした状態にしておく。

原題『手荷物紛失所』

半身猫のジョージー

下半身のない灰色のネコ

灰色の波模様がある「ジョージー」という名前のメスのイエネコ。上半身はごくふつうのネコに見えるが、下半身部分が失われているように見える。まるでまっぷたつに体が切断されたような見た目をしている。

実験により、下半身が見えないのではなく、存在していないことが判明している。また、健康に問題はなく、4本足がそろっているかのように自由に動き回る。歩いたり、フンをする場合も、下半身が欠けていないようにふるまう。断面の部分から体の中をのぞくことはできない。そこには光をすいこむ黒くてきれいな穴がある。やさしくなでるとノドを鳴らして喜び、長くなですぎるとツメを出して引っかいてくることもあり、行動はふつうのネコと変わらないようだ。

File 2

職員報告書

ジョーシーは警戒する必要のない生物だが、チーズをあたえてはいけないという決まりがある。なぜならば、ジョーシーを満足させる量のチーズがない場合に、とても悲しむからだという。

データ SCP-529

怪物

危険度 ★★★ オブジェクトクラス Safe

収容方法 とてもおとなしい猫なので、低レベルの施設なら自由に行動させてもかまわない。

原題『半身猫のジョーシー』

職員報告書

実際には220-カラバサス手続は、職員の不安を取り除くためのニセの儀式。人型生物を封じる方法は不明であり、約30年後には人型生物が最後の鎖をちぎり、解放されると予測されている。

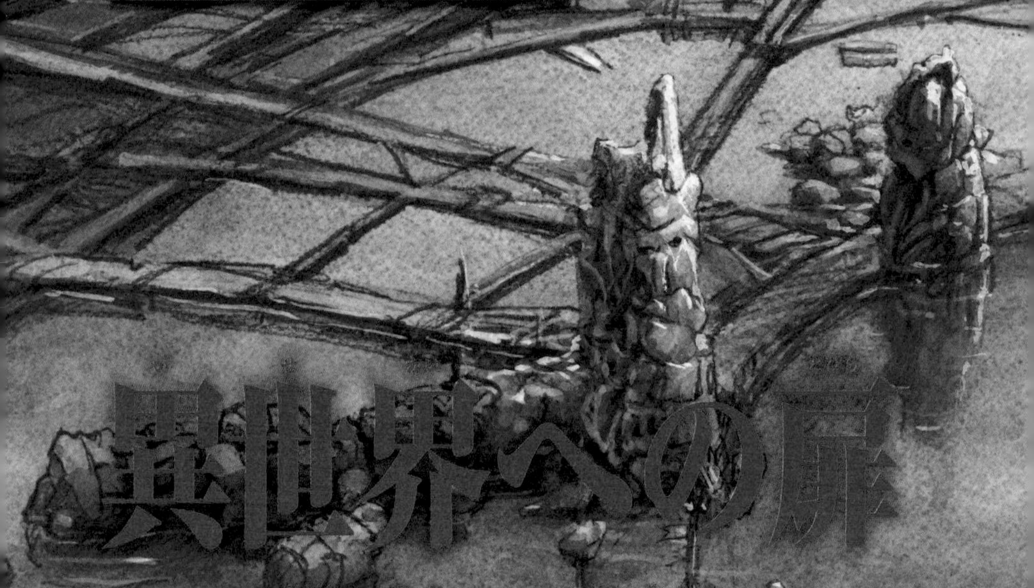

異世界への扉

おそろしい魔物が地下にひそむ異世界

アメリカのマサチューセッツ州にある、異世界につながる木製のドア。このドアは、1800年代の高級住宅向け地下室用に作られたものだが、ドアの向こうは半径数キロにわたって塩田が広がる場所につながっている。そこにはサークル状に立てられた7本の柱があり、柱のサイズはそれぞれ直径約1m、高さ7m。大理石でできており、謎の彫刻がほどこされている。

財団の調査により、柱の地下には全長200kmを超える超巨大な人型生物が封印されていることがわかった。人型生物は柱からのびる7本の鎖につながれていたが、現在は7本中6本までは鎖がこわれているという。財団は人型生物の封印を守るため定期的に「220-カラバサス手続」と呼ばれる儀式をおこなっている。

File
2
データ
SCP-2317
危険度 ★★★
オブジェクトクラス
Keter
収容方法 収容エリア179の強化収容室にて収容。
儀式のため、定期的に異世界へ行く。
物質
原題『異世界への扉』

データ SCP-511-JP

危険度 ★★★ オブジェクトクラス Safe

収容方法 ロッカーに保管し、外部への持ち出しは禁止。研究目的での再生には許可が必要。

物質

原題『けりよ』

File 2

けりりよ

見た人を不安にさせるビデオテープ

1993年7月22日に福岡県の民家から発見されたビデオテープ。ビデオテープを再生すると、母親らしき女性と女の子の映像が映り、そこにところどころ数秒間のノイズのような音と不気味な画像が入りこむ。音と画像の両方を同時に聞いた人は、とても不安な気持ちになり激しいストレスを感じるという。

ビデオテープが見つかった民家は、都市から遠い山の集落にあった。そこには母親と女の子が住んでいたが、ビデオテープが発見された日からゆくえ不明になっているという。この2人はビデオテープに映っていた人物だと思われている。ビデオテープが意味するものはなんなのか、2人はどこへ消えたのか、謎が深まるばかりだ。

SCP
Special Containment Procedures

職員報告書

REPORT NUMBER

けりよ

中山博士による記録

テープを発見した職員の１人である中山博士の記録によれば、テープが見つかった民家は異様な状態だったという。その民家は、集落から遠くへだてられた場所にあった。家の手前には小さな鳥居があり、なんと数百体もの小さな地蔵が無造作に転がっていたそうだ。しかも、鳥居には縄の代わりに髪の毛を束にしたものがかかっていた。

さらに、テープとともに、ひらがなだけで書かれた手紙のような１枚の紙切れも見つかったという。だれが書いたかは不明で、手紙の一部の表現は九州地方の方言と思われるが、手紙の意味はよくわかっていない。

小さな地蔵は水子地蔵（亡くなった子どもの霊をなぐさめる仏様）に似ていたという。

ビデオには何が映っていたのか？

ビデオテープを再生中、母親らしき女性と女の子の映像の中に混じっている、不気味な画像の例を以下に記す。これらの映像がまじるタイミングはバラバラで、再生するたびに時間も映像も変わるという。

- ●床の間のような場所で正座し、合わせ目が逆の着物を着て老婆が微笑んでいる。
- ●成人男性が笑いながら布団にねかされている。
- ●笑顔の男児が、両手の甲を打ちつけるように拍手をしている。
- ●ほほえんだ男児の日本人形の首が映る。
- ●笑顔の女児が、両手の甲を打ちつけるように拍手をしている。
- ●背面を向けた姿見が床の間にある。

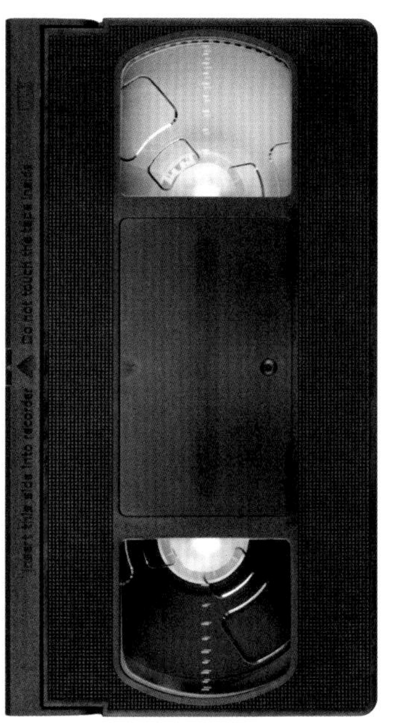

一般的なビデオテープ。このようなビデオに映っていたという。

2人はいけにえにされた？

地域の民俗誌によれば、この地域では古くから「手作りのわなを張って、山の神をつかまえる」という伝説があるそうだ。テープが見つかった家の前の大量の地蔵や鳥居と、何か関係があるのだろうか。ビデオテープや手紙との関係性も不明のままだが、もしかしたらゆくえ不明になった2人は、山の神へのいけにえにされたのかもしれない。

機動部隊の役割

選ばれしメンバーたちによる組織

Ω-7「パンドラの箱」(➡P126)やΩ-9「スクラブ」(➡P66)など、おもに財団職員のなかから選ばれたメンバーで構成されているのが、機動部隊だ。ふつうの職員では対応がむずかしい状況で活躍する者たちである。

機動部隊の大きさは目的によってちがう。攻撃性の高い異常存在を相手にする部隊は、数百名規模の兵士や車両、装備などを備えた組織となっている。一方で、情報収集や調査を専門とする小さな部隊もある。

これらの部隊にはそれぞれ特徴があり、構成メンバーもさまざまである。「戦闘が得意な部隊は、軍隊のような階級がある組織になっていることが多い」「人数が多い場合は複数のチームがある」「チームメンバーは何十年も訓練を受けていた者たちによる部隊もあれば、特定の事件に対応するため一時的に集められただけの部隊もある」などだ。

機動部隊を結成するためには、1名以上のO5評議会（➡P168）メンバーが認める必要がある。また、特定の異常存在の収容のためだけに結成された場合は、作戦終了とともに休止することもある。

このように、機動部隊は異常存在の確保・収容・保護には欠かせない、非常に重要な役割を果たしている。特定の場所ではなく、任務によって施設や現場を移動しており、現在もどこかで財団のために任務を果たしているのである。

機動部隊のメンバーの活動は常に危険ととなりあわせである。

Special Containment Procedures

File 3

TIPS

セクターとユニット

財団の施設であるサイトやエリアには「セクター」や「ユニット」と呼ばれる場所がある。セクターは、異常存在の収容や研究、保管などをする場所で、施設によって目的や大きさはちがう。ユニットは、収容違反が起きたときに自動的に封印されるようにつくられた区画のこと。

データ SCP-527

危険度 ★★★ **オブジェクトクラス** Euclid

怪人

収容方法 サイト-19の人型生物がくらすエリアに収容。特に禁止されていることなどはない。

原題『ミスター・おさかな』

File 3

ミスター・おさかな

体は人間、頭は魚のリトル・ミスターズ

頭が魚という特徴をもつ、身長167cmほどの男性の人型生物。頭部の魚の種類はゴールデンバーブという種類の熱帯魚だ。2002年にアメリカで発見された。異常な見た目ではあるが、それ以外に変わった点はなく、ふつうの人間と同じように話すことができる。逆に、水中で息をしたり、海の生物とコミュニケーションしたりする能力はないようだ。

左足の裏に、制作者だと思われる「リトル・ミスターズ®の一員、ミスター・おさかな by ワンダーテインメント博士」という言葉の入れずみがある。ワンダーテインメント博士とは、異常なおもちゃを作る謎の存在だ。個人なのか組織なのかも不明な要注意団体である。ミスター・おさかなに、ワンダーテインメント博士はなぜこのような生物を作ったのかとたずねてみたが「知らない」と答えたという。

職員報告書

ミスター・おさかなからは「ぜんぶ見つけてミスター・コレクターになっちゃおう！」という文書が提出された。ほかにも、ワンダーテインメント博士が作ったおもちゃが存在するようだ。

データ SCP-8900-EX

危険度 ★★★ オブジェクトクラス Keter

現象

収容方法 現在はSCP-8900-EXによる影響が当たり前だと認識されているため収容の必要性はない。

原題『青い、青い空』

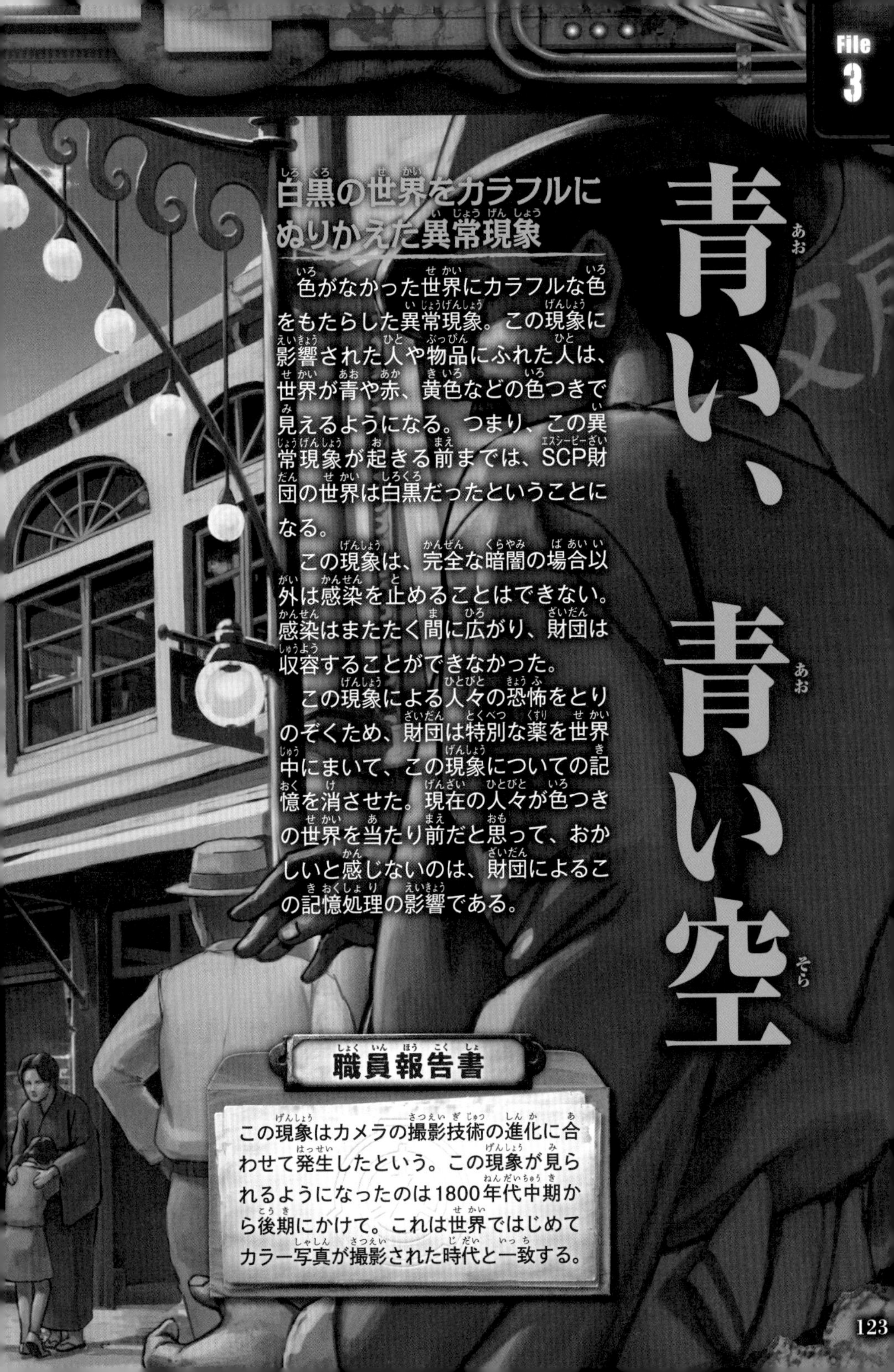

青い、青い空

白黒の世界をカラフルにぬりかえた異常現象

色がなかった世界にカラフルな色をもたらした異常現象。この現象に影響された人や物品にふれた人は、世界が青や赤、黄色などの色つきで見えるようになる。つまり、この異常現象が起きる前までは、SCP財団の世界は白黒だったということになる。

この現象は、完全な暗闇の場合以外は感染を止めることはできない。感染はまたたく間に広がり、財団は収容することができなかった。

この現象による人々の恐怖をとりのぞくため、財団は特別な薬を世界中にまいて、この現象についての記憶を消させた。現在の人々が色つきの世界を当たり前だと思って、おかしいと感じないのは、財団によるこの記憶処理の影響である。

職員報告書

この現象はカメラの撮影技術の進化に合わせて発生したという。この現象が見られるようになったのは1800年代中期から後期にかけて。これは世界ではじめてカラー写真が撮影された時代と一致する。

いたって普段どおり

北欧家具チェーン店に似た異常空間

標準的な北欧家具チェーン店と同じ外観を持つ異常な建築物。正面入口から入ると、北欧家具チェーン店と似た異空間にまよいこむ。空間異常が発生しているためか、実際の建物のサイズよりも店内ははるかに広い。出口はランダムにあらわれるため、一度まよいこむと建物からぬけ出すことは極めて難しいようだ。

店内には通称「スタッフ」と呼ばれる、店舗の従業員と同じ制服を着た謎の生物がうろついており、照明が点灯している「昼」の時間はおとなしいが、消灯する「夜」の時間に

File 3

データ SCP-3008

現象

危険度 ★★★ オブジェクトクラス Euclid

収容方法 この建物をふくむ大型ショッピングセンターを買収し、サイト-███に改装した。

原題『完全に普通の、ありきたりな古いイケア』

の家具店

見つかると暴力をふるってくる。

店内には現在も総数不明の民間人が閉じこめられたまま居住しているらしい。財団は建物を買い取って封鎖し、たまに自力でにげてきた人を保護している。

職員報告書

あるとき、1人の男性が自力で建物からにげたが、追いかけてきたスタッフに殺された。彼はこの建物内で半年以上過ごした記録を描いた日記帳を持っており、内部の様子が細かく記されていた。

File 3

機動部隊Ω-7

アベルをメンバーに迎えた機動部隊

Ω-７は「パンドラの箱」と呼ばれる財団の機動部隊である。機動部隊とは、異常存在を確保・収容するために活動する組織だ。Ω-７の最大の特徴は、不死身の超人であるアベル（SCP-076）がメンバーであることだ。部隊は３～５人がメンバーの５つのチームで構成されている。メンバーは、戦場エージェントのなかからアベルが選ぶ。

アベルは非常に凶暴な性格をしているため、Ω-７で活動する場合は命令以外の殺害行為を防ぐために爆発する首輪をつけられていた。しかし、アベルを完全にコントロールすることはできなかった。あるとき、アベルは首輪をこわし、制御をのがれる事件が起きた。そのせいで収容エリアを爆破する結果となり、Ω-７は解散となったという。

今日は楽しい

一年中クリスマスのようにくらす町

アメリカ・テキサス州の町にある毎日がクリスマスの地域。その地域の住宅には雪がつもっており、つねにクリスマスのかざりつけがされている。住人は300人ほどで全員がクリスマスらしいセーターを着て、年をとることも死ぬこともなく、新しい子どもが生まれることもない。クリスマスの歌をうたう、プレゼント交換をするなど、毎日がクリスマスのように過ごしてる。

もしこの地域の中にいる人がクリスマスらしく過ごしてない場合は、住人たちにおそわれ家の中に運ばれる。

File 3

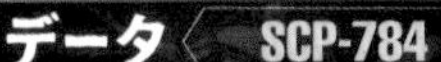

データ SCP-784

現象

危険度 ★★★ オブジェクトクラス Euclid

収容方法 エリアは上部に電気鉄線のついた壁で囲む。中に入る職員はクリスマスの衣装を着る。

原題『今日は楽しいクリスマス』

クリスマス

次の日、その人はほかの住人に似た服を着て出てくるという。また1か月に一度、住人たちが自分たちの地域から出て、よその地域の家にクリスマスかざりつけをしてしまうというイベントが起きる。そのため、財団は住人たちがこの地域から出ないよう対策をしている。

職員報告書

財団は、イベント前に住人の意識をうばう飲み物を飲ませて行動をおさえている。住人にうたがわれないよう、サンタのかっこうをしたり、「きよしこの夜」を歌ったりして友好的にふるまうという。

部屋を片づけるがイタズラもするサルの像

本を読むサルのすがたをした約30cmの像。持ち主にとって「よいこと」と「悪いこと」の両方を引き起こす力がある。底部分には「最も賢きものへ」とほられているが、傷をつけることはできない。そのため、いつ作られたのかなどを調べることはできていない。

像が移動する様子は記録できていないが、この像が置かれている部屋はカンペキにそうじされ、ピカピカにみがきあげられるという。ただし、持ち主へにワナをしかける場合もあるため、像を置いている部屋に入るときは注意しなければならない。

かつて財団のブライト博士の部屋にこのサルの像があった。博士の部屋はふだんは片づいていないが、とてもきれいにされていたそうだ。しかし、すべてのペンのインクは空になっており、重要な書類が古い言語に書きかえられていたという。

File
3
最も賢きものへ
データ
SCP-050
危険度 ★★★
オブジェクトクラス Euclid
収容方法 収容することができないため、現在の持ち主である職員のオフィスに置いておく。
物質
原題『最も賢きものへ』

SCP
Special Containment Procedures

職員報告書

REPORT NUMBER

最も賢きものへ

いたずら成功が賢さの証？

像は現在の所有者より賢い人のもとにあらわれること、賢さの基準はいたずらを成功させることであることが、調査によりわかっている。

この像が最初にあらわれたのは、ブライト博士のオフィス。20■■年にある要注意団体がSCP-963、通称「不死の首飾り」をねらう事件が起きた。ブライト博士は首飾りの能力を使って事件を解決してオフィスにもどると、この像があったという。

ブライト博士が像を調査していたら、ライツ博士がうらみをはらすため彼のもとにあらわれ、彼のオフィスをよごした。するとサルの像はライツ博士のもとに移動した。

「不死の首飾り」の能力は、ふれると死んだブライト博士の人格が乗り移るというもの。

illust:増田羊栖菜／『異常存在SCP大百科』より

いたずら大戦争の流れ

このサルの像は、いたずらを成功させた人を「より賢い」と思い、その人のもとにあらわれるという。

そこで「我こそが賢い」と主張する博士の間でいたずら合戦がスタート。博士によるいたずらの一部を以下に記す。

●イングリッシュ博士がSCP-705、通称「軍国主義的粘土」を使ってブライト博士を攻撃する。

●コンドラキ博士が、アイゼンドルフ博士にニセの手紙を送る。

●カルド博士が、コンドラキ博士の部屋にSCP-173、通称「彫刻 - オリジナル」のレプリカを置く。

●チェペルスキー研究員、プロジェクト総括責任者ジョーンズ、ブライト博士が、パイを投げ合う。

最後はパイ投げに発展した。

現在はライト博士のもとにある

博士たちによる壮絶な戦いは「■■の研究員いたずら大戦争」として記録にまとめられている。サルの像は、パイ投げのいたずらで勝利したブライト博士のもとにもどってくるが、その後、あるいたずらを成功させた異常存在のもとへも移動した。その後、ふたたび像に動きがあり、現在はライト博士のオフィスに移動しているそうだ。

バック・トゥ・ザ・

過去へタイムスリップしてしまう駐車場

車ごと過去へタイムスリップする屋外の駐車場。東京都品川区にある収容台数82台の駐車場で、この駐車場内で時速50km以上のスピードで走ると、車体が燃え出し、20mほどの炎のわだち（車輪のあと）を残して消えてしまう。

消えた車は、この駐車場が作られた1979年以降の過去の同じ場所に出現するという。多くの場合はスピードを保ったまま、過去の駐車場の壁面に衝突する。タイムスリップの影響のためか、車内の物はこわれ、人間は生きていないそうだ。

現在は財団の関連企業「サムズ・カーポート株式会社」が、一般の時間貸しパーキングとして運営、管理をおこなっている。

チューシャー

データ SCP-3152-JP

危険度 ★★★ オブジェクトクラス Euclid

現象

収容方法 財団の関連企業が運営し、一定の車種を近づけないようにしながら管理している。

原題『バック・トゥ・ザ・チューシャー』

データ
SCP-504
危険度 ★★★
オブジェクトクラス
Safe
収容方法 防音室に保管し、トマトを育てる研究員は音もれを防ぐマスクを装備する。
物質
原題『批判的なトマト』

File 3

批判的なトマト

つまらない冗談につっこむトマト

見た目はふつうだが、人間の話すジョークを聞き、理解することができるトマト。もしトマトのそばでつまらないジョークを言うと、トマトは時速約160kmもの速さで発言した人の顔にアタックする。トマトが反応するのは1人のジョークに対して1回で、成熟してつるから切り取られており、傷や腐敗がほとんどないトマトが飛んでくる。

ジョークがくだらないほどトマトのスピードは増すといい、財団が実験をおこなったところ、けが人が続出。なかにはトマトの攻撃により死んでしまう実験者もいた。現在、トマトは財団の防音室に保管され、研究員がトマトを育てるときは音が伝わらないマスクを装備している。

職員報告書

トマトは、アメリカのとある農場で見つかった。農場の妻から「夫が昼食に殺された」という通報が入ったことで、財団がトマトを回収したという。その後、財団は農園エリアのトマトを破壊した。

Utube

0:10/0:53

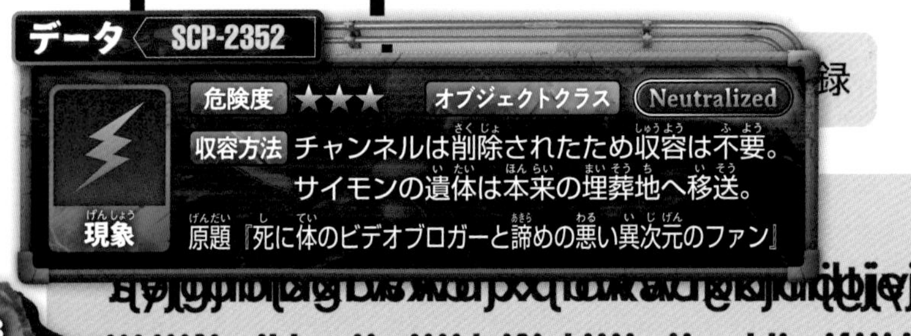
データ
SCP-2352
危険度 ★★★
オブジェクトクラス Neutralized
収容方法 チャンネルは削除されたため収容は不要。
サイモンの遺体は本来の埋葬地へ移送。
現象
原題『死に体のビデオブロガーと諦めの悪い異次元のファン』

生き返るビデオブロガー

死んでも続く動画投稿

サイモン・M　という17歳の少年が、事故死したあともゾンビ化してよみがえり、自身の動画チャンネルに動画を投稿し続けたという奇妙な現象。財団が異変に気づき、サイモンの遺体を施設に回収したあとも動画投稿は続いた。

サイモンをよみがえらせたのは、人型の異次元実体だった。この実体は目に見えないが、監視カメラや投稿動画でその存在を確認することができた。異次元実体はいつの間にかサイモンの遺体のそばにあらわれ、未知の方法で彼をよみがえらせ動画投稿を続けさせた。ところが回を重ねるごとにサイモンの体がくさっていき、サイモンはついに「休ませてほしい」と訴える。異次元実体はその願いを聞き入れて、彼を解放。129回目が最後の動画投稿となった。

1.9k

職員報告書

なぜサイモンをゾンビ化させてまで動画投稿を続けさせたのか、異次元実体はその理由を特に語らずにすがたを消した。財団は引き続き、この実体の正体をつきとめようと試みている。

砂の王国

砂がおそろしい生き物に変化する砂ばく

現地で「砂の王国」と呼ばれている、　　　　　砂ばくにある5km四方ほどのエリアのこと。このエリアの中の砂が液体にふれると、ぬれた砂が動物のような形になり、生きたようにふるまう。この砂の動物たちはとても攻撃的で、エリア内に入った人におそいかかる。サソリやヘビ、サメなど、近くにいる生物の天敵に変化するようだ。

エリアの外に出ても追いかけてくることもあるが、さらに液体にぬれることがなければ24時間後には砂にもどる。エリアから6kmはなれ

ても同じ効果があることがわかっている。さらなる財団の研究の結果、エリアの中心部にこの異常を引き起こしている原因があるとわかったが、中心部にたどりつく試みは失敗している。

職員報告書

砂にふれる液体が人間のあせや血の場合でも、砂の動物たちは生まれるようだ。現在、エリアに職員が入る場合は、液体が砂にふれないようにするため、特別な服を着なければならない。

データ　SCP-777

現象

危険度 ★★★　オブジェクトクラス Euclid

収容方法 高さ2mの電気フェンスで囲んで収容。雨の日は爆撃することが許可されている。

原題『砂の王国』

城を守る騎士達

島に近づくものを攻撃するよろいの怪物

とある城がある島に近づくものを無差別に攻撃する、複数の動くよろいの怪物。1200年代にヨーロッパの騎士が用いたはがねのよろいに似ているが、非常に硬いうえ、おどろくほど速く動けるという。島に近づくと、よろいは自動警告メッセージのような未知の言語を発し、島に上陸するとチームで攻撃をしかけてくる。剣やヤリ、弓などの武器を用いた攻撃や、ワナを張るなどの攻撃は、訓練された兵士のようだといわれている。

データ SCP-072-TH

怪物

危険度 ★★★ オブジェクトクラス Euclid

収容方法 島を隔離し、島から半径2km以内の地域に近づく民間人を追い返している。

原題『城を守る騎士達』

動くよろいは、島の城内でゆくえ不明になった観光客を捜索中、ぐうぜん見つけた秘密の通路からあらわれたという。現在、財団は島を隔離し、島から半径2km以内の地域に近づく民間人を追い返している。

職員報告書

この島にある城はかつて、黒魔術をおこなった人々をつかまえて閉じこめておく場所だったといわれている。動くよろいが、黒魔術によって生み出されたものなのかどうかはわかっていない。

SCP
データ
SCP-766
危険度 ★★★
オブジェクトクラス
Safe
収容方法 像の周囲に収容サイト-362を建設し、ダミー会社に管理を任せている。
怪人
原題『人型空間異常』

人型空間異常

人型をした目には見えない像

人の形をした目には見えない像。その姿は30代後半のはだかの女性で、走りかけのポーズをとっているという。その表情には、疲れとおどろきが浮かんでいるそうだ。この像はインドネシアのとある島で、燃えた木の灰が女性を形づくったことで見つかった。財団が隔離し、石こう(白色で、セメントの材料などに利用される)を像の上から流しこむことで、見えない像の形を浮かび上がらせることに成功した。

ところが、財団はいかなる方法をもってしても、この像を動かすことができなかった。そのため、この像を取り囲むようにして収容サイト-362を建設。財団管理の会社に建物を管理させ、像を保管している。

職員報告書

この像はかつて「女性のように見える木」として、地元住民に知られていた。あるとき火災で木が燃え、灰が空中に人型に静止したことで、空間異常が発覚。知らせを受けた財団が駆けつけた。

データ
SCP-818-JP
危険度 ★★★
オブジェクトクラス
Keter
収容方法 空き地およびその周囲300mは、高さ4mの有刺鉄線つきのブロック塀によって隔離。
怪人
原題『えらいねぇ～』

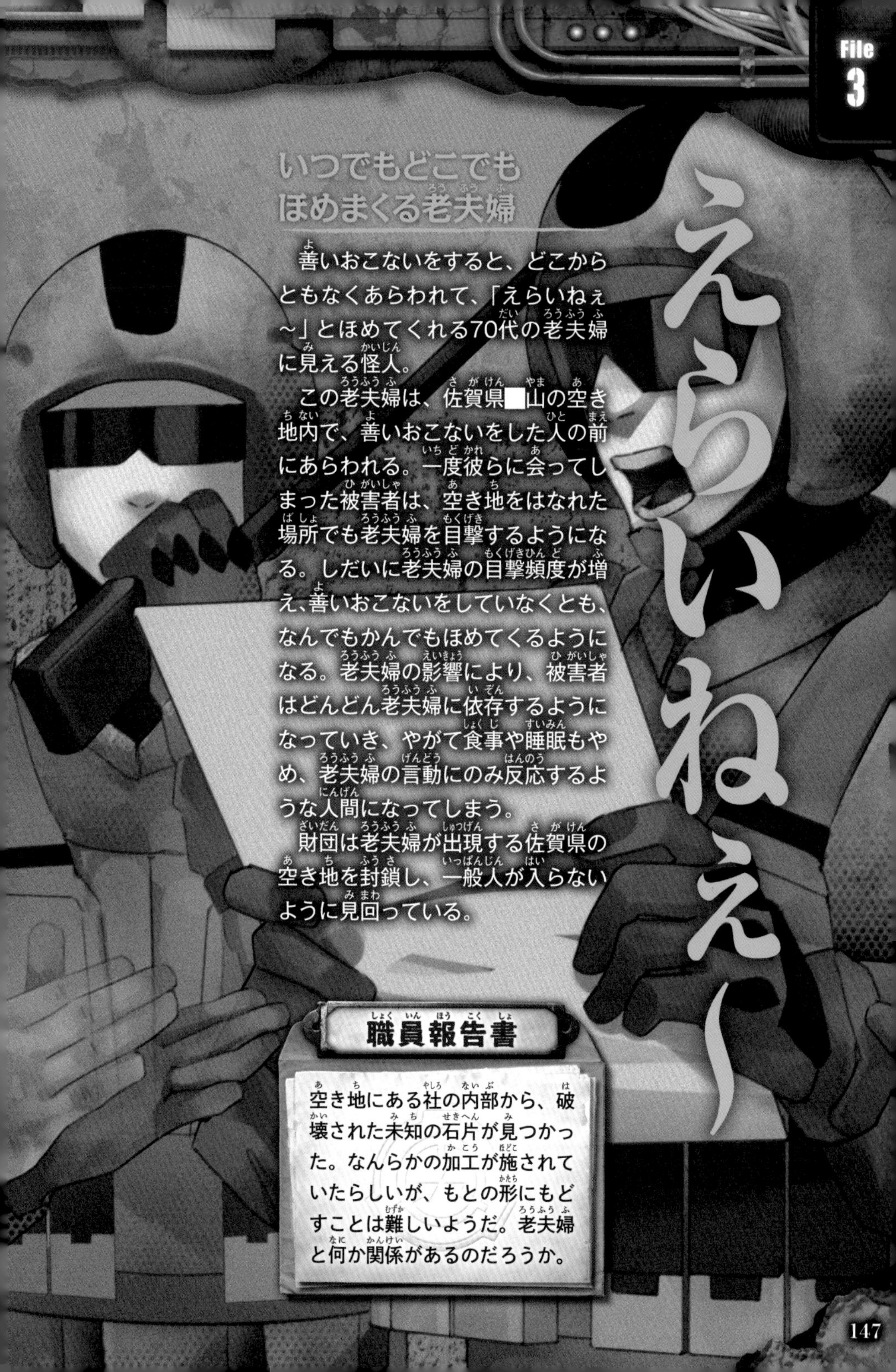

File 3

えらいねぇ～

いつでもどこでもほめまくる老夫婦

善いおこないをすると、どこからともなくあらわれて、「えらいねぇ～」とほめてくれる70代の老夫婦に見える怪人。

この老夫婦は、佐賀県■山の空き地内で、善いおこないをした人の前にあらわれる。一度彼らに会ってしまった被害者は、空き地をはなれた場所でも老夫婦を目撃するようになる。しだいに老夫婦の目撃頻度が増え、善いおこないをしていなくとも、なんでもかんでもほめてくるようになる。老夫婦の影響により、被害者はどんどん老夫婦に依存するようになっていき、やがて食事や睡眠もやめ、老夫婦の言動にのみ反応するような人間になってしまう。

財団は老夫婦が出現する佐賀県の空き地を封鎖し、一般人が入らないように見回っている。

職員報告書

空き地にある社の内部から、破壊された未知の石片が見つかった。なんらかの加工が施されていたらしいが、もとの形にもどすことは難しいようだ。老夫婦と何か関係があるのだろうか。

恐怖した人間の血を好む吸血怪物

恐怖でいっぱいの人間の血を好んで飲む、身長約1.9mの人型の怪物。鼻や耳がなく、暗闇で光る目、口には上下に８本ずつとがった歯、二股にわかれた28cmもの長い舌をもつ。夜行性で、体には毛はなく、光を吸収する特殊な皮ふをもつため、暗闇に溶けこむことができる影のような存在だ。この怪物は、人間などのほ乳類が恐怖を感じたときに脳から分泌する成分を豊富にふくんだ血を好むという。標的となる人間を定めたら、夜間に長い間つけねらい、たっぷりと怖がらせて精神的に追いつめたあとおそいかかって血を吸うという。

この怪物はイタリアで発見され、現在は財団により収容されている。

データ SCP-015-IT

怪物

危険度 ★★★ オブジェクトクラス Euclid

収容方法 人型生物収容室に収容し、保安カメラと赤外線センサーにて監視している。

原題『ウオモ・ネロ』

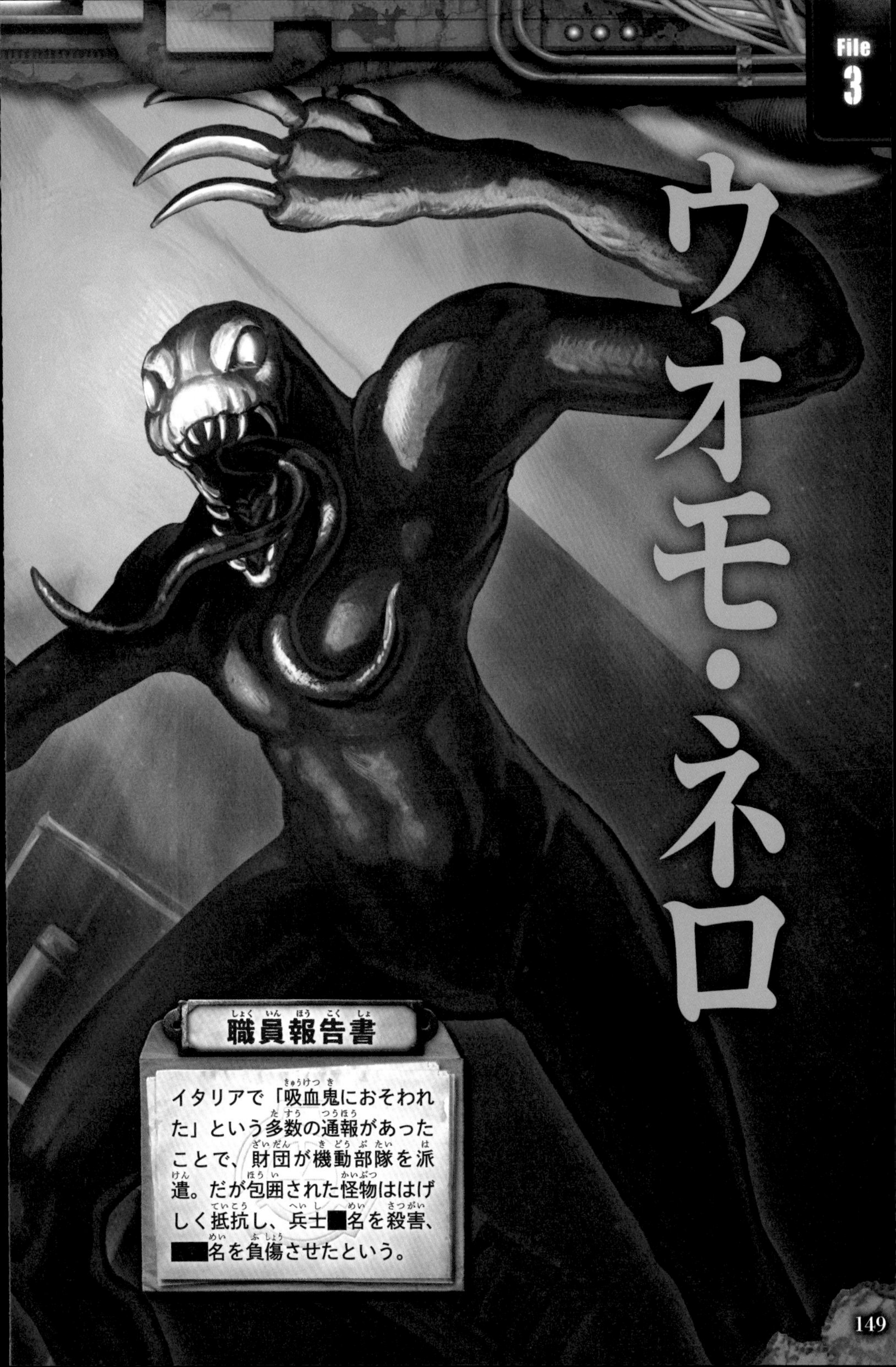

File 3

ウオモ・ネロ

職員報告書

イタリアで「吸血鬼におそわれた」という多数の通報があったことで、財団が機動部隊を派遣。だが包囲された怪物ははげしく抵抗し、兵士■名を殺害、■■名を負傷させたという。

0匹のイナゴ

死んでも数が減ることのないイナゴ

現実改変能力（現在の事実を変える力）をもつとされる不思議なイナゴ。体長は30～40mmほどのふつうのイナゴだが、このイナゴが死んでも「死んだ事実を消して（現実改変して）死ななかったことにしてしまう」という異常性をもつ。

生きている間はなんの異常もないが、なんらかの理由でイナゴが死ぬと、現実改変能力によって死んだ事実を打ち消してしまう。周囲は「イナゴが死んでいなくなった」と認識することがなくなり、イナゴの総数が減っていないように感じる。

現在、このイナゴは財団の飼育施設に収容されているという。ゲージ内にはイナゴが1匹も見当たらないにもかかわらず、職員はイナゴの総数が「0匹いる」として飼育を続けている。

データ　SCP-240-JP

怪物

危険度 ★★★　オブジェクトクラス Euclid

収容方法 サイト-81にある昆虫飼育施設で収容。異常があった場合は報告しなければならない。

原題『0匹のイナゴ』

職員報告書

REPORT NUMBER

0匹のイナゴ

死んでも死なないイナゴの開発

この不思議なイナゴは、■■■■■県の山中の建物で発見された。そこにあった文書によると、研究者は「死亡した事実を消し去る力をもったイナゴ」を開発していたらしい。つまり「死んでも死なない不死身のイナゴ」を開発していたのだろう。

開発は成功したとあるものの、開発結果の文書には「特性を持ったイナゴが0匹誕生」「うち2匹を工具で破壊したが、総数は変わらず0匹であった」「ケージ内のイナゴは0匹を維持」と書いてあるなど、意味不明な内容となっている。この奇妙な文書にも、イナゴの能力の影響がおよんでいるのかもしれない。

ケージにイナゴはいないはずだが…。

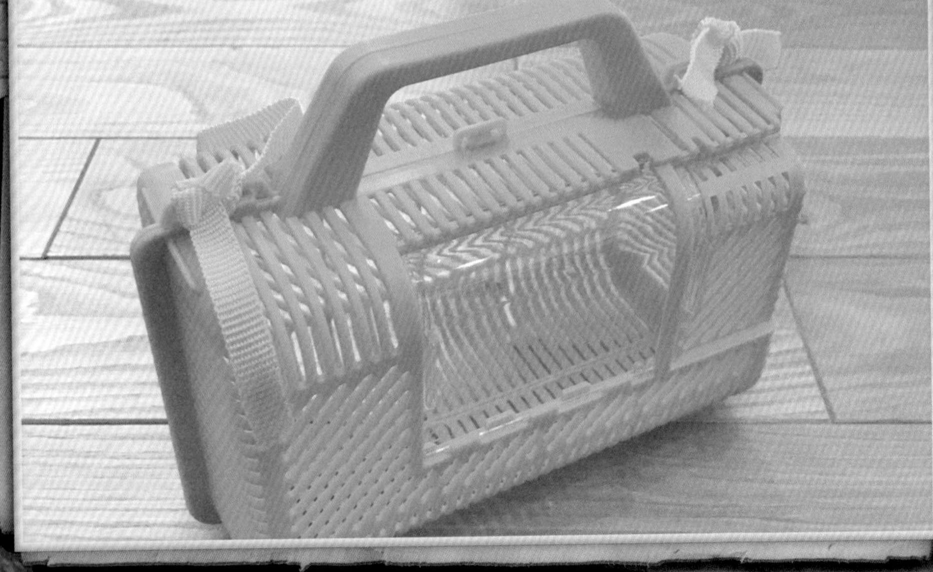

「生まれてこなかったこと」にする力

開発者は、死んだ事実を消す現実改変能力をもつイナゴ、つまり不死身のイナゴの開発に成功したと思っていたが、実際にはちがった。

たとえば、ケージ内に4匹のイナゴがいたとする。開発者は1匹死んでもイナゴはすぐに死亡した事実を打ち消して、総数は4匹のままだろうと考えた。

だが、財団が確保してくわしく調べたところ、イナゴの真の能力は「死んだ事実を消して、総数が減らないようにする力」ではなく、「死んだら生まれてこなかったことにして、総数が減っていないと思いこませる力」だったと推測される。過去をすべて変えてしまう力のため、調べることが非常にむずかしい異常存在だ。

▶開発者が作ろうとした不死身のイナゴ

ケージにもともと4匹いる

1匹死ぬ

死んだという事実を消して
死ななかったことにする

死んでも数に変化なし

▶実際の不死身のイナゴ

ケージにもともと4匹いる

1匹死ぬ

イナゴは死ぬが、生まれてこなかったことにして、
死ななかったように思わせる

ケージにいたのはもともと3匹だったと思うようになる

イナゴはすでに全滅している？

実験をくり返せばイナゴは0匹になるが、その能力は死んでも続いているようで、周囲は「イナゴの総数は変わらない」と思いこみ続けているようだ。財団がこのイナゴを収容したときには、実際に何匹か生きていたはずだが、現在はすでにいない。にもかかわらず、職員たちはいると思いこみ、0匹のイナゴの飼育を続けているのである。

データ
SCP-081-JP
危険度 ★★★
オブジェクトクラス Safe
収容方法 日光をさけて大きな容器で保管。壁や生物などと接したまま放置してはいけない。
物質
原題『永久ひんやり水着』

File 3

永久ひんやり水着

氷を生み出し続ける不思議な水着

　氷を生み出すという異常性をもつ、ワンピースタイプの水着。水着の見た目は女子向けの水着だが、よくのびる未知の素材でできている。水着の温度は常に-2℃で、どんな環境でも温度は変化しない。周囲に水がなくても水着の周りに氷が発生し、高さ1mほどの氷柱になるまで成長し続ける。この氷はどんな方法でも溶かすことができないが、刃物などでけずったりくだいたりすることは可能だ。氷が水着からはなれた場合はふつうの氷と同じになる。

　この水着はある小学校の凍ったプールで発見された。現在、水着は財団の食堂で活用されており、電源いらずの冷蔵庫、生まれた氷は飲料用、かき氷用の氷として使われている。この氷でつくったかき氷は「頭がキーンとならない」という報告があるそうだ。

職員報告書

着用する実験では、水着がのびて本来のサイズより大きい人物でも着用ができた。ひんやり感じる程度で、どんな高温にも低温にもたえた。氷は生まれず常に水が流れている状態になったという。

データ
SCP-4999
危険度
★★★
オブジェクトクラス
Keter
収容方法
収容はできないが、出現をとらえた写真や映像は没収。目撃者は記憶処理をする。
怪人
原題『私たちを見守るもの』

私たちを見守るもの

死にゆく人を見守るスーツの人物

まもなく死にそうな人の前にあらわれる怪人。見た目はさまざまだが、必ず黒いスーツを着ている。この怪人は、病気やけがでまもなく死んでしまう人の前にあらわれる。出てくるのはその人に家族や友人がおらず孤独な場合にだけで、もしその人の意識がなかったり、周りに人がいる場合は出てこないという。

死にかけの人物のすぐそばに座っており、その人の手をとったり、手と手を重ねたり、肩に手を置くなどの行動をする。そのまま息を引きとるまで、そばで静かに見守ってくれるという。亡くなった瞬間に消えてしまうので、財団の施設に収容することはできていない。これとよく似た存在は数千年前以上の古い神話などにもあり、いつからいるのかは解明されていない。

職員報告書

この怪人は死にかけの人物にタバコをあげてすわせたり、自分がすったりする。死んだあともタバコのけむりは残るため、この怪人がその場にいたというただひとつの証拠になっている。

少年が救った水槽の中の生物

水の中で生きる人型生物で、ゼラチン質の体と半透明の触手をもつ。身長1.4m、体重21kgで、数時間なら陸上でも行動でき、人間との会話も可能だ。この生物は山奥の家の地下室にあった水槽で発見された。ぐうぜん、家に忍びこんでこれを発見した少年は、この生物を「妖精さん」と呼んで自宅の風呂場で保護していた。その後、訪問者に見つかり、通報を受けた財団はこの生物と少年を保護した。

少年と定期的に会えている限り、この生物はとても友好的だった。しかしある日、収容していた水槽の外に出てきてしまう。担当職員が水にもどるようにうながすと触手で攻撃を開始。少年による説得も効果はなく、数時間後に干からびて生命活動を終えた。この生物が水槽から出てしまった理由は不明である。

File 3

この檻の外へ

データ SCP-147-JP

危険度 ★★★ オブジェクトクラス Neutralized

収容方法 5m四方の水槽に収容し、カメラで監視。半日に1度、発見者の少年に会わせる。

原題『この檻の外へ』

恩人へ

命の恩人につながる電話機

自分を救った人と通話できる電話機。見た目はふつうの電話機だが、通話するときに電源や電話回線はいらず、破壊できない。ふだんは電源が入ってない電話機と変わらないが、受話器を持ちあげると、過去にその人の命を救った人物につながって1～5分通話が可能になる。

これまでの実験では、交通事故でけがした人の手術をした医師などにつながった。あるとき、15年前に火事にあって消防士に助けられた女性職員で実験がおこなわれた。消防士はその火事が原因で亡くなっているが、彼女が受話器を持ちあげると、彼女の恩人である消防士につながった。しかも、電話のつながった日は彼が命を落とす火事の当日だったのだ。この電話機は過去にもつながることが明らかになった。もしかすると、歴史を変える可能性もあるかもしれない。

データ SCP-243-JP

危険度 ★★★ オブジェクトクラス Safe

物質

収容方法 部屋に収容されているが、心理テストに合格した職員しか入ることができない。

原題『恩人へ』

職員報告書

REPORT NUMBER

恩人へ

勇気ある消防士

15年前、火事で消防士に助けられた女性職員の実験では、あわや「歴史を変えてしまう」という重大な事件が起きるところだったという。

過去の恩人に電話がつながると、女性職員は、恩人の命を救いたいためか、「数時間後、火災現場で████という名の少女を救うことで命を落としてしまう」と告げてしまう。

別の職員が彼女から受話器をうばって電話を切り、しばらく待ったが、何も起きなかった。

勇気ある消防士は「火事で少女を助けたら自分は死ぬ」という運命を知りながらも、行動を変えなかったのだろう。だから、「消防士は彼女を助けて死ぬ」という事実はそのままで、歴史が変わらずにすんだのだ。

運命を知りながら、消防士は火の中へ飛びこんだ。

彼女を救った消防士の正体は？

この勇気ある消防士の正体はわかっていない。だが、SCP-147-JP（➡P158）、通称「この檻の外へ」に出てくる少年が成長して大人になり、この消防士になったのではという噂があるようだ。

まだ水槽の人型生物が生きていた当時、話を聞いた博士によると、人型生物は「あの子は消防士になりたいと言っていたが、自分が生きているうちは、あの子も財団の施設から出してもらえないので、無理なことだ。少年の可能性を自分がうばっているとしたら、たえられない」と言っていたという。

あの少年は将来、消防士になりたいという夢を抱えていたのだ。かつて人型生物を救った勇気ある少年は、大人になってふたたび１人の少女の命を救ったのかもしれない。

消防士になる夢をもっていた少年は、人型生物の収容のために財団の管理下におかれていた。

つながる恩返し

SCP-147-JP（➡P158）の人型生物は、夢ある少年の可能性をつぶさないために自分がいなくなるという選択をしたのかもしれない。人型生物の死後、財団にいる必要がなくなった少年は記憶を消されて解放された。

しかし、かつて人型生物に未来を守ってもらった少年は、記憶を失いながらも同じように１人の少女の未来を守ったといえるだろう。

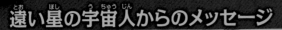

遠い星の宇宙人からのメッセージ

地球からはるかに遠い宇宙から発信された電波。電波を送ってきたのは「ノーゴ」という惑星に住む宇宙人だ。2████年に日本にある財団の天文台で電波を受信し、宇宙人と文字で交流できることがわかった。

あるとき、ノーゴの人々が地球に行きたいと伝えてきた。財団が許可し、地球にノーゴの宇宙船が接近する。地球では「国連宇宙監視司令部」が対応するが、宇宙船に巨大な兵器があることがわかる。地球を攻撃するつもりだと考えた司令部のリーダーは、先に攻撃するべきだと言い、準備をはじめた。だれも司令部の動きを止められなかった。

宇宙船への先制攻撃当日、財団職員が、司令部のリーダーに射殺される事件が起き、攻撃は延期される。その間に宇宙船側にも動きがあり、地球から離れていった。地球と宇宙人との戦争は防がれたのだった。

File 3

外宇宙通信電波

データ SCP-998-JP

現象

危険度 ★★★ オブジェクトクラス Neutralized

収容方法 職員数名が日本語での交信を担当していた。現在は交信がとだえている。

原題『外宇宙通信電波』

REPORT NUMBER

外宇宙通信電波

ノーゴ人との交流ログ

国連宇宙監視司令部のリーダーに射殺された財団職員は、ゼルメアという名前のノーゴ人とひそかに交信していたという。

交信ログは、射殺事件の数日前にその職員によって消されていたが、一部のログは復元された。そのログには、その職員とゼルメアによる心温まるやり取りが残されていた。

それによると、そもそもノーゴ人は地球を攻撃するつもりはなかったようだ。にもかかわらず、ノーゴ人側の軍人のリーダーが攻撃の準備をはじめたのは、地球側の武器を見て、攻撃してくるにちがいない、と誤解したからだった。

ノーゴ人は地球人が兵器で攻撃してくると誤解した。

射殺事件の真相

財団職員とゼルメアの最後の交信ログには、戦争を防ごうとする2人のやり取りが残されていた。ゼルメアは軍人のリーダーに反乱を起こして、地球への攻撃をやめさせる計画を職員に伝えた。しかし、そのためには1週間時間がいるという。職員は「僕が時間をかせぐ」と告げて、通信ログを削除した。

数日後、職員は国連宇宙監視司令部のリーダーに近づき、ふところから退職届を出そうとして殺された。おそらくリーダーは、職員が武器を出すつもりだと勘違いして殺したのだろう。

この事件により、職員を殺した罪にリーダーが問われて、軍事作戦は1週間ストップした。この間にゼルメアは反乱を成功させ、母星に帰還。戦争は回避されたのだった。

職員が出そうとしたものは、
武器ではなく退職届だった。

射殺された職員の正体

自分の命を犠牲にして戦争を止めた職員の青年は、母親から勇気ある消防士の話を聞いていたという。彼の母は昔、自分の命をかえりみなかった人の手で、火事から救い出されたそうだ。このエピソードはSCP-243-JP（➡P160）、通称「恩人へ」に登場する女性職員の話と重なる。もしかしたら、彼は女性職員の息子なのかもしれない。

財団内部の部門

supplement

いくつもの部門に分かれている

異常存在を確保・収容・保護するという財団の目的のために、必要な能力や手段は幅広い。巨大な組織である財団には、いくつもの部門が存在しているようだ。

SCP財団を監督しているのが、「O5評議会」「倫理委員会」「記録・情報保安管理局」の3つだ。

O5評議会は、財団の最高機関として知られている。評議会のメンバーは、すべてのデータにアクセスする権利をもっている。日常的な問題には対応せず、大きな問題が起きたときに、財団がとるべき行動を決断をする役割をもっている。非常に重要なポジションのため、メンバーの正確な数や身元は秘密にされている。倫理委員会は、財団のとる行動が道徳的に正しいかを判断し、記録・情報保安管理局は、データベースの安全性と完全性を保つ役割をもっている。

また、財団の活動を管理する管理部門、異常存在を一般の人からかくす業務や、職員をやとう業務をおこなう渉外部門、研究や開発をおこなう科学部門など、日常の活動については、いくつもの部門が協力しあっておこなわれている。機動部隊（➡P118）もこれらの部門の1つである。さらに細かい専門の部門として、錬金術部門、異常存在交流課、人工知能適用課、神話・民俗学部門など、専門的な能力に秀でたたくさんの部門が存在している。

O5評議会、倫理委員会、記録・情報保安管理局それぞれのマーク。

Special Containment Procedures

File 4

TIPS

SCP財団の主要なサイト

財団が運営するサイトは、収容する異常存在や目的によってさまざまな特徴をもつ。サイト-19は財団の施設最大規模を誇り、数百の異常存在を収容する。そのほか、人型生物を収容するサイト-88、最先端技術の開発・発明をうけ負うサイト-98などがある。

データ
SCP-280-JP
危険度 ★★★
オブジェクトクラス
Safe
収容方法 この物体の中心にサイト-81██を建設。空気や光、電磁波を通さない空間を保つ。
物質
原題『縮小する時空間異常』

File 4

縮小する時空間異常

ふれるものすべてを消して縮小する物体

長野県■■山中の洞くつ内で、遭難者の捜索中にぐうぜん発見された、球状の異常な物体。この物体は、物質、電磁波、音など、ふれるものすべてを消してしまう異常性をもつ。光をも消すため、見た目は真っ黒の球のようだ。そして消えた物質の質量分、この物体が小さくなっていくという。消えた物質がどこへ行ってしまったのかはわかっていない。

この物体を動かすことができないため、財団はこの物体を取り囲むように収容施設を建設。この物体は空気や電磁波にも反応して縮小する。このままでは消えてしまうので、現在のサイズを保つために収容施設は暗闇で真空状態にし、さらに外部からの電磁波を通さない空間になっている。発見時のサイズは直径1.1mだったが、現在は直径0.7mまで縮小している。

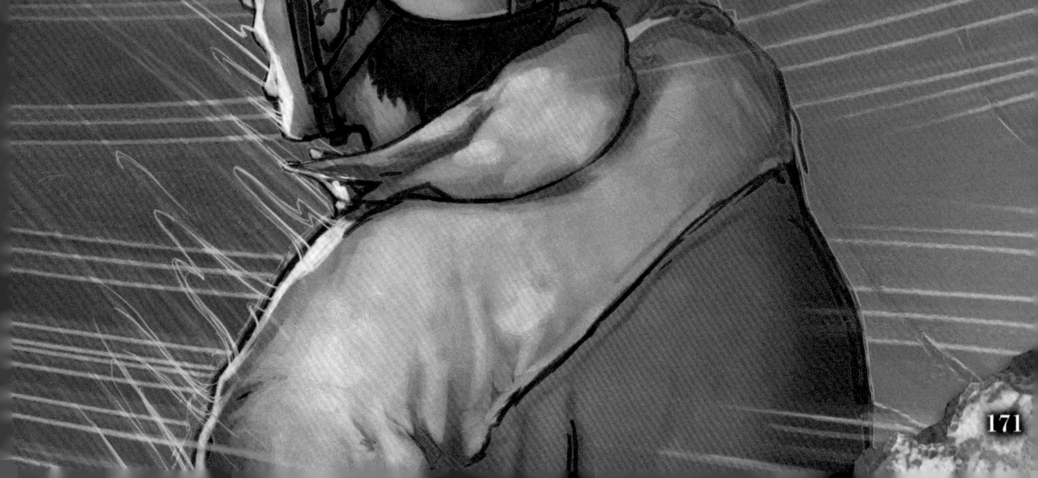

SCP
Special Containment Procedures

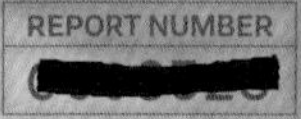

縮小する時空間異常

発見時のサイズが変化していく？

じつはこの異常な物体は、単純に「ふれるものを消して、その質量分だけ縮む」というものではない。本当の正体は、SCP財団のwebサイトの本記事ページを訪れるとわかる。

ページには「縮小用廃棄物投入プロトコル」というボタンがあり、これをおして球体にゴミを投げ入れて小さくする実験をおこなうことができる。ところがボタンをおすと、なぜかこの球体を発見したときの説明文が変わり、発見時のサイズは1.1mだったはずなのに、3.2mと少し大きくなる。さらに実行ボタンをおし続けると、発見時の直径がどんどん大きくなり、写真も変化していく。

なんでも吸収する球体は、ブラックホールに近いのかもしれない。

おそるべき球体の異常性

なぜ、発見時の球体のサイズが大きくなるのだろうか。じつは、この球体は「消した物質の質量分だけ縮小する」という異常性だけではなく、もうひとつ恐ろしい異常性をもっていた。それは「消した物質を過去の球体に送る」というものだ。

どういうことかというと、たとえば1kgのゴミを球体に入れて消したとする。すると、ゴミは現在から過去に転送され、過去の球体のサイズがゴミ1kg分、大きくなる。

つまり、球体にゴミを入れた分だけ、過去の球体が大きくなり、発見時のサイズが変わっていく。本当は発見時のサイズは1.1mだったのに球体の異常性により、過去そのものが自動的に書き変えられ、「発見時の球体のサイズは3.2mだった」と思いこませられてしまうのだ。

長野県の山間部で発見されたはずだが…？

日本が球体に飲みこまれてしまう？

もし、廃棄物投入プロトコルを実行し続けてしまうと、過去の球体はどんどん大きくなっていく。球体のサイズは洞くつにおさまるレベルではなくなり、滝や山を飲みこみ、やがては日本を飲みこむほどの危険なサイズになってしまう。

最終的にどうなってしまうのか、SCP財団のWebサイトで確認することができる。

危険度 ★★★　オブジェクトクラス Safe

収容方法 一般的な方法の観測は不可能で、情報漏洩の危険性は低いため収容の必要はない。

原題『巨人』

File 4

巨人

宇宙でねむり続ける謎の巨人

　地球から遠くはなれた宇宙空間のどこかに存在する超巨大な人型生命体。頭の先からつま先までの長さが███████光年と見積もられている（1光年＝約9兆4600億km）。地球人と極めて似た遺伝子の特徴をもち、一般的なワイシャツ、紺色の上下スーツ、白衣、赤色ネクタイ、灰色のくつ下、黒色の革ぐつを身につけている。宇宙空間でもなぜか生きており、ほかの天体の引力の影響も受けず、ねむっている状態だという。
　一度財団が観測中に、人型生命体が目を覚まし、27秒間、観測装置に向けて笑顔で手をふったという。その動作で周囲の370の惑星と21の恒星が破壊された。現在、人型生命体はふたたびねむっている。

職員報告書

この人型生命体の外見は、財団職員である███博士の外見と極めて似ているという指摘が多数よせられた。███博士は人型生命体との関連を否定しており、関係性の謎は今も解けていない。

歌う雨音

美しいメロディをひびかせる傘

雨音をピアノの音に変える不思議な傘。見た目はどこにでもあるふつうのビニール傘だ。雨にぬれると雨音がピアノの音になって「練習曲作品10第３番ホ長調」という曲を演奏する。雨以外の液体ではこの現象は起きず、雨が傘にふれなくなると曲は終了する。１曲を終えた時点で雨がまだ降っているときにリクエストをすると、その曲を演奏してくれる。この現象が起きるたびに傘の演奏技術は上達し、最初はまちがえていた難しい曲もミスしなくなった。

この傘は、19■■年に発見され

データ SCP-548-JP

危険度 ★★★ オブジェクトクラス Neutralized

収容方法 低危険度物品収容ロッカーで保管。雨の日のみ、中庭での実験がおこなわれた。

原題『歌う雨音』

た。当時、傘の持ち主だった少女がピアノのコンクールに向かう途中で交通事故にあったことがわかっている。傘が奏でる「練習曲作品10第３番ホ長調」は、少女がコンクールで演奏するはずだった曲だったそうだ。

歌う雨音

ほめると演奏技術が上達する

財団の塚原研究員は、この不思議な傘でいくつか実験をおこなった。その結果、演奏をほめると上達度がアップし、音色が「楽しそう」になることがわかった。しかし、演奏をけなすと上達度がダウンし、リクエストをしても、その曲を演奏してくれないこともあるという。

ある実験では、職員が5分間、傘に対して悪口を言い続けたあとで曲をリクエストしたら、傘は乱雑な音色でその曲を大音量で演奏し、職員の耳のこまくを破ったという。

これらの実験から、この傘には人間らしい自我をもつ可能性があることがわかったという。

見た目はふつうのビニール傘である。

傘による野外ライブ

晴天続きでしばらく傘が演奏できない場合、その演奏技術はいちじるしくダウンしてしまったという。

傘の演奏技術を取りもどすため、財団はある大雨の日、研究所内のグラウンドに屋外ステージを設置。約200名の職員の前で、傘にリクエストした曲を演奏してもらった。たくさんの拍手のなか、傘が3曲のリクエスト曲をかなでると、その演奏技術はこれまでにないほど高まり、傘の音色はずっと「楽しそう」「うれしそう」だったという。

その後、傘はリクエストには応えず、10分間沈黙したあと、「練習曲作品10第3番ホ長調」を演奏した。その音色からは「満足感」のようなものが感じられたという。

野外ライブは、どしゃぶりの雨の中でおこなわれた。

事故にあったようにこわれた傘

傘が「練習曲作品10第3番ホ長調」を弾き終えると、唐突に巨大な何かが衝突した音がひびき、傘がはね飛ばされた。傘は、まるで事故にあったかのようにはげしくこわれ、表面に大型車のタイヤのあとが浮かび上がったという。職員がこわれた傘を修復しても、雨音をピアノの音に変える傘の力は二度とよみがえらなかったそうだ。

謎の怪文書を受け取り、体が失われる現象

巨大な電波塔を中心とした、半径████kmにわたって発生する危険な認識災害。この災害の影響を受けると、紙やパソコンのモニターなどに「被告人の臓器の一部は、原告の生存権をおびやかしている」といった裁判所の判決文のような怪文書が出現する。その3～7日以内に、判決文に記された体の一部分が強制的に消滅し、死亡してしまう。

財団が災害の発信源である電波塔を調査した結果、電波塔の上には、われわれの世界に似た異世界があり、自分そっくりの人間が生存権を主張して、われわれの世界の人間に裁判を起こしていた。紙やモニターにあらわれた怪文書は、異世界で勝手におこなわれた裁判による判決文だったのだ。

だが、財団の働きにより異世界は消滅。現在は電波塔のみ残され、認識災害は無力化されている。

職員報告書

認識災害が無効化されたのは、T博士が異世界の裁判にて、裁判官たちを論破したためだ。T博士が判決をしりぞけ上告すると、大きな爆音とともに異世界の人も建物も霧のように消えたという。

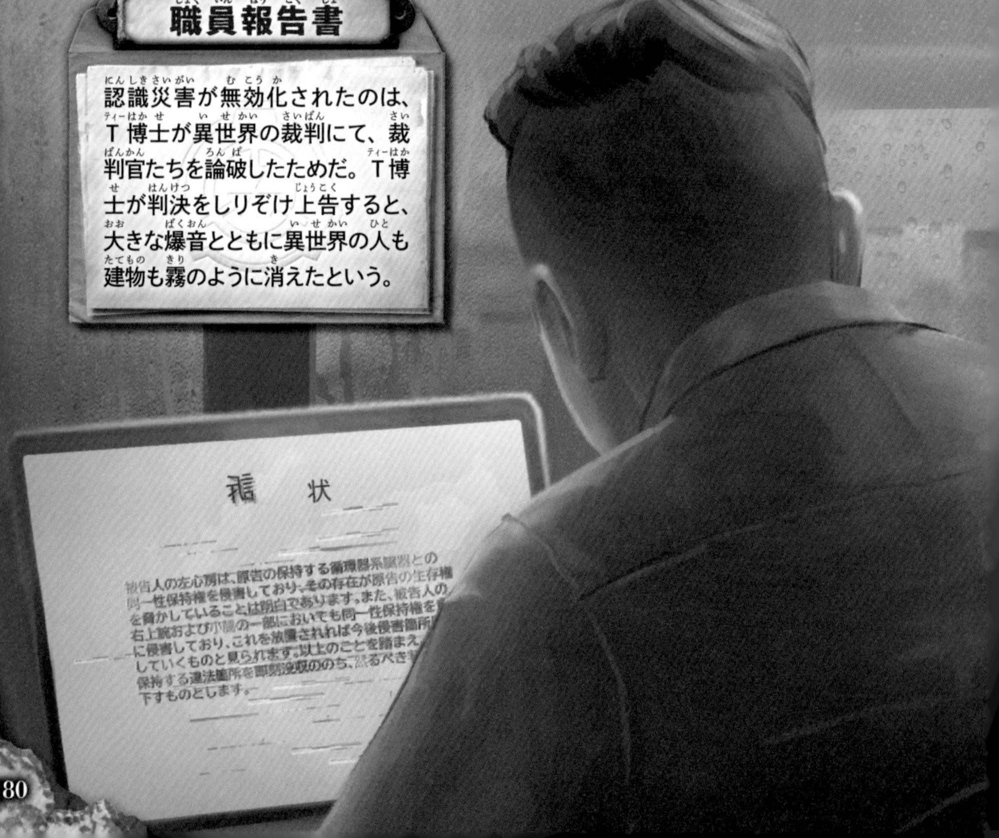

File 4

生存権

データ SCP-062-JP

危険度 ★★★　オブジェクトクラス Neutralized

収容方法 電波塔の周囲に常に2名以上の警備職員を配置し、遠隔カメラで映像を記録する。

原題『生存権』

データ
SCP-1730-JP
危険度 ★★★
オブジェクトクラス
Euclid
収容方法 サイト-8112の広域生物収容施設に収容し、自動追跡監視装置によって監視する。
怪物
原題『このへんないきものは、』

File 4

このへんないきものは、

芸術作品と思いこませる奇妙な生物

奇妙な形をした複数の生物。決まった形はないが、ざっくりと人型をしており、はだの色は灰色から黒色で凹凸があり、数本の足をもつ。

この生物は日本各地の山林に生息し、理由はわからないが、ときどき人里にあらわれるという。人に危害を加えることはないが、目撃者に対して「もともとその場所にあった芸術作品のオブジェのように思いこませる」という異常性をもっている。そのため一般人による目撃情報は多いが、異常として報告されることは少ないのだという。

発見が難しいため、完全な収容はできていない。現在、財団の収容チームがこの生物に関する情報をくまなく収集中で、特別な方法を用いて捕獲活動をおこなっている。

職員報告書

財団の収容記録によると、高速道路に飛び出してきた生物とトラックが接触。生物は死亡し、事故の目撃者もいたが、全員が何をはねたのか答えられなかった。生物の異常性は死後も続くようだ。

コットンさんの家族

粘土と糸でできた手先が器用な4人家族

粘土のようなはだ、ぬい針のような指をもつ、人間に似た存在。4人グループで自らを「コットン家」と呼ぶので、父母と子ども2人の家族だと思われる。森でハイキングをしていたグループがコットン家がくらしていた家を発見し、財団が収容した。

彼らの内臓、神経は木綿や絹、ポリエステルなど大量の糸、骨は結ばれた綱でできている。ぬい針のような指はとても器用で、道具を作り出すことができる。彼らが作った自転車や時計は動いたが、テレビを作ったときは動かなかった。一度、コットン家の父が糸から短剣を作り出したことがある。財団は父親が二度と武器を作らないように監視している。

コットン家の父によると、彼らを作り出したのは「コットンじいちゃん」という人物だという。すでに亡くなっており、どんな人物だったかは不明である。

職員報告書

かつて、子どもの1人が調子をくずしたことがあった。このとき母親は子どもの粘土のはだを外し、中身の糸をすべてほどいて作り直した。粘土のはだをとりつけると子どもは回復したという。

危険度 ★★★　オブジェクトクラス Safe

収容方法 セクター25に収容し、毎月、大量の糸をあたえる。武器を作った場合は回収する。

原題『コットンさんの家族』

●●|●●●●●|

文字を書いたり話したりするとあらわれる怪人

ベトベトした触手をもち、影のように黒い、2mくらいの人型の怪物。その正体は謎に包まれている。どこからともなくあらわれ、自分のことが書かれた文章を持ち去ったり、自分について話した人間をどこかへ連れ去ったりするという。その理由から、財団は怪物の存在に気づいているものの、SCP番号を決めたり、報告書を文章で作成したりすることができない。

ただし、怪物が認識できるのは文字や言葉だけで、イラストや記号は理解できないようだ。そのため、この怪物に関する財団の報告書はピクトグラム（文字の代わりに絵を使って、それが何かをわかりやすく示したもの）で描かれている。

File 4

職員報告書

財団では、ピクトグラムを見た職員が怪物のことを文章で書く実験をした。すると怪物は文章が書かれた書類をうばって消え、職員は無事だった。この実験から、怪物の特徴を知ることができた。

●●|●

データ SCP-2521

危険度 ★★★　オブジェクトクラス Keter

収容方法 収容は不可能なため、怪人について文章や言葉で言及しないように気をつける。

原題『●●|●●●●●|●●|●』

木の王様

童話のような世界に住む怪人

さまざまなすがたに変身できる怪人。通常は7～9歳ほどの子どものすがたで、毛皮や枝などの自然物を身につけている。怪人はスペインの██████村内から近い森のような「エリア04-A」に住んでいる。

怪人は現実改変能力をもち、エリア04-Aの内部を童話のようなメルヘンの世界に勝手に作り替えているという。怪人は「木の王様」としてふるまい、動物たちはしゃべることができる。この改変エリアに入るに

データ SCP-ES-004

怪人

危険度 ★★★　オブジェクトクラス Euclid

収容方法 エリア04-Aへ通じるすべての出入口をふさぎ、民間人がまよいこむのをふせぐ。

原題『木の王様』

は秘密の出入口がいくつかあるが、子どもだけが入ることができる。もどってくることも可能だ。

現在、財団ではエリアへ通じるすべての出入口をフェンスでかくし、民間人の侵入をふせいでいる。

職員報告書

怪人は外からくる子どもを客としてもてなし喜ぶが、長い間子どもがこないと、エリアの出入口に異常現象が起こることがある。ただ、どの現象も危険性は低いため、財団は放置している。

パパの贈り物

ボールにあらわれるスープとメッセージ

あわい水色の花模様が描かれた、直径約20cm、高さ９cmの白い陶器のボウル。軽いけがや病気をもつ人のそばに置くと、不思議なことに、その人物の父母の愛情がこもった麺入りスープがボウルに満たされるという。そのスープを食べた人の多くは、軽いけがや病気が治ったり、深い満足感を覚えたりしたという。

さらに、ボウルの側面には、スープを食べている人に宛てたメッセージが浮かび上がり、数時間後に消える。メッセージの文面から、その人の父親からによるものにも感じられるが、ボウルが生み出したものかもしれず、だれからのメッセージなのかは不明だ。現在は、財団の標準ロッカーにて保管されている。

File 4

職員報告書

実験によると、ボウルに浮かんだメッセージは、18歳未満の子どもたちには温かい言葉が多かったというが、18歳以上の人の場合、色あせてつかれた印象のメッセージが多かったそうだ。

データ SCP-348

物質

危険度 ★★★ オブジェクトクラス Safe

収容方法 保管サイト-19の標準ロッカーで保管。実験の際は被験者の詳細なリストが必要。

原題『パパの贈り物』

「キミだけのおしろをそだてちゃおう」キット

水やりするだけでお城ができるおもちゃ

「キミだけのおしろをそだてちゃおうキット」と書かれた段ボール箱で、19██年にアメリカのフロリダ州で発見された。横幅60cm、高さ30cm、奥行き15cmほどで、箱の文字は1950年代のアニメ風だという。中にはパンフレットと砂入りのビンが入っており、パンフレットに書かれた説明の通りにすれば、大きなお城を作ることができる。

まず、「おしろのタネ」を土にうめ、７日間、12時ぴったりに毎日水やりをする。この通りにすると、７日後に立派なお城があらわれたそうだ。種をもうひとつ植えると城は２倍の広さになり、種の色によって、お城の見た目が日本風や西洋風など変化する。城の中には種をうめた人にしがたう使用人がいることがあるが、見た目は人間ではないらしい。

データ SCP-322

物質

危険度 ★★★ オブジェクトクラス Safe

収容方法 倉庫にあるロッカーに収容。許可をえらば、研究のために使うこともできる。

原題『「キミだけのおしろをそだてちゃおう」キット』

File
4
職員報告書
この箱を持っていたのは、オーランドという場所でお城を遊園地に変えようとしていた人物だという。その人についての情報はないが、オーランドといえばディズニーランドがあることで有名な場所だ。
GROW YOUR OWN CASTLE KIT
SCP-322

バースデータイム！

24時間だけロウソクの数の年になるケーキ

緑色で「バースデータイム！」と英語で書かれた焼き菓子。現在は円形のバニラクリームのケーキだが、ロールケーキやシュークリーム、カップケーキなど、見た目は変わる。ケーキに火のついたロウソクをさすと、誕生日の本人だけが消すことができる。火を消した人物は、ケーキにささっていたロウソクの本数と同じ年齢に24時間だけ変化することができ、24時間たつと、一瞬でもとの年齢にもどるという。

この焼き菓子は、ある家族が82歳の人物の誕生日を祝うために、8本の大きなロウソクと2本の小さなロウソクをさしたところ、ふき消したときに10歳の子どもになったことが発覚し、財団が収容した。

データ SCP-559

危険度 ★★★ **オブジェクトクラス** Euclid

収容方法 3つの焼き菓子を収容した保管庫に置かれている。許可をとれば、使用できる。

原題『バースデータイム！』

File
4

Birthday Time!

職員報告書

これまでに1本から900本までのロウソクで実験がおこなわれている。高い年齢の場合でも健康などに問題は出なかった。500歳以上になった人のうち87%は24時間後も生きていたという。

フラワープ

回すと別世界へワープするフラフープ

一般的な娯楽用のフラフープに似た異常物体。側面に「フラワープ」と書かれている。このフラフープを回すと、使用者の体の一部または全部を別の場所へワープさせるという。たとえば腰で回した場合、フラフープより上にある体だけ転送される。もし回転を止めると体が転送先に取り残され、切断されて死んでしまう。フラワープのとちゅうで脱出するには、上半身をひねり、フラフープを上空に投げ飛ばすしかない。なお、回転を止めずにフラフープを地面まで落とすと、全身が別世界へ転送して、二度とこちらの世界へもどれなくなる。

財団が、いつどのようにこのフラフープを収容したかは不明だ。現在はロッカーに保管され、責任者の許可のもと実験がおこなわれている。

File 4

職員報告書

どこに転送されるかは、フラフープを回してみるまでわからないという。転送先では、成人男性の足が生えた大きな秋刀魚、2本足で歩く大きなリスなど奇妙な生物ばかり目撃されている。

データ SCP-035-JP

危険度 ★★★　オブジェクトクラス Safe

収容方法 低脅威物品保管用ロッカーに保管。実験は保管責任者の許可のもとおこなう。

原題『フラワープ』

時間切れ

音が消えたらおそいかかる鳥の怪物

人型のような実体だが、さまざまな鳥類の特徴をもっている怪物。顔にはクチバシがあり、かたい皮ふでおおわれた体は全体的に細長く、手足は先に行くほど細くなっていて指はない。

首の骨を自由に動かすことができ、動くたびに音が鳴る。攻撃の準備をするときのみ首の動きを止めるので、音もしなくなる。この怪物は、ねらった相手の後をつけて10か月以上も観察したうえで攻撃して食べるという。後をつけてくる怪物が鳴らす、骨を鳴らすリズミカルな音が止まる瞬間は時間切れを表しており、攻撃を開始する合図なのだ。

現在は財団が収容しているが、ドイツのある地域では新たな目撃情報が報告されている。どうやらこの怪物は遠くにあらわれ、すがたは見えないがねらった人間をおそうことができるという。

職員報告書

怪物はドイツの民話や歌に登場し、古くは1538年の文書があるという。歌詞の一部に「チクタク、チクタク」「聞こえたかい？　止まったかい？　坊や、それは時間切れという意味さ」などがある。

File
4
データ
SCP-4975
危険度 ★★★
オブジェクトクラス Euclid
収容方法 人間との接触は禁止して収容怪物が鳴らす音が聞こえた者は、音が止まるまで待つ。
怪物
原題『時間切れ』

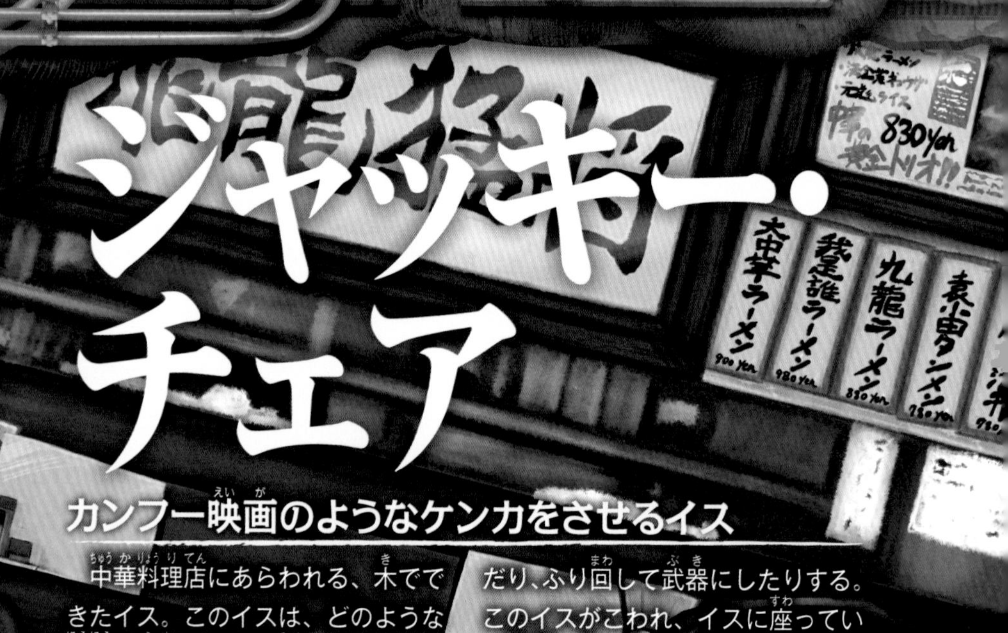

ジャッキー・チェア

カンフー映画のようなケンカをさせるイス

中華料理店にあらわれる、木でできたイス。このイスは、どのような方法か不明だが、お店にあるイスと入れ替わっている。そのイスと、となりのイスに大人の男性が座ったときにイベントが起きるという。イベントとは、となり合った２人が口げんかをしてなぐりあうというもの。

２人はカンフー映画のように技を出し合い、イスで相手の攻撃を防いだり、ふり回して武器にしたりする。このイスがこわれ、イスに座っていた人物が勝つとケンカは終わる。ただし、イスは近くにある別の中華料理店に移動し、またイベントが起きてしまう。現在、ケンカ中にわざと転ぶなどで爆笑をさそうと、ケンカが中断されることが判明しており、財団職員が笑わせることでイスが移動しないようにしている。

職員報告書

■■■町内に住んでいたカンフー映画が好きだった人物と関係があるらしい。この人物の死後、大切にしていたイスが消えたという。そのイスは有名アクション俳優が映画の撮影に使ったものだそうだ。

File
4
870Yen
おすすめ!!
大福丼
七福丼
850Yen
データ
SCP-729-JP
危険度 ★★★
オブジェクトクラス
Euclid
収容方法 イスがあらわれた中華料理店の営業中は常に職員がいて、イベント発生に備えている。
物質
原題『ジャッキー・チェア』

巨大生物をひそませた貝殻

全長約15cmほどのクモガイという貝殻に似た異常存在。知性があり、「深き海とそびえる山を統べる偉大なる王」と自称し、自分に対して10億円以上の価値があると認めてくれる人間が近くにいないと、貝殻の開口部から巨大なクモやカニに似た黒褐色のおそろしい怪物を呼び出して、あばれさせる。

この貝殻がただ1人心を許し、言うことを聞くのがアイリという小さな少女だ。貝殻は20██年6月ごろに海岸でアイリに拾われ、大切な宝物のようにあつかわれたという。あるとき、貝殻は、職員に紙とペンを要求し、アイリに手紙をしたためようとした。だがなぜかとちゅうで紙を丸め、投げ捨ててしまったという。

File 4

世界で一番の宝石

データ　SCP-120-JP

危険度 ★★★　オブジェクトクラス Euclid

収容方法 偽装博物館の特別ケースに収容。来場者にもっとも価値ある化石だと説明する。

原題『世界で一番の宝石』

SCP
Special Containment Procedures

職員報告書

REPORT NUMBER
[redacted]

世界で一番の宝石

貝殻の中にひそむ巨大生物

この貝殻が開口部から出すのは、高さ約8m、全幅は約30mもある巨大な怪物だ。2本のハサミと8本の足をもつクモかカニのような存在で非常に暴力的だが、高価な物やめずらしいものをこわすだけで、生き物をおそうわけではないようだ。怪物は、体のサイズを自由に変えられるようなので、貝殻の開口部に入るときは小さくなっているのだろう。

20███年8月の土砂災害のときにこの怪物は目撃され、貝殻の拾い主であったアイリという少女を通して財団によって回収された。アイリはこの災害で保護者を亡くしており、現在は財団に保護されている。

一般的なクモガイ。長いトッキが特徴的だ。

アイリにあてた手紙

あるとき、貝殻はアイリにあてて手紙を書こうとしたが、とちゅうでやめてしまったという。職員が手紙を回収したところ、手紙には、アイリがいつか大人になることについての思いがつづられていた。

貝殻は、手紙の中で「世界で一番の宝物であり続けることは難しい。きみは大人になる。そうでなければならない。きみもいつか子どもを生む。そして、その子どもに私との思い出を語るときがやってくる。きっとそうなる。思い出の中の私は、今と変わらずに世界で一番の宝物であり、そのとき初めて私は本当の価値を手にする。」と思いを記していたという。

貝殻は標準的なレポート用紙に
手紙をしたためたという。

最後まで書かれなかった手紙

手紙は「それこそは世界で一番の宝石」と、とちゅうの文章で終わっており、乱暴な線が引かれて消されていた。現在、この手紙は財団に回収されているため、アイリはこの手紙の存在を知らない。

なぜ、貝殻がとちゅうで書くのをやめたのかは不明だが、アイリを思う貝殻の気持ちは、この手紙から伝わってくるようだ。

データ
SCP-2010-JP
危険度 ★★★
オブジェクトクラス Thaumiel
収容方法 エリア-8188にある、半径20mの半球型の地下室に格納されている。
物質
原題『モノリス』

File 4

職員報告書

蓼科湖からは、約48万年前のものと思われる文字がきざまれた人工物も見つかっている。解読すると、昔、石柱の力で栄えた人たちがいたが、力をあつかいきれず滅亡したと書かれていたという。

モノリス

人類をさらに進化させる可能性がある石柱

各幅が0.71m×2.84m×6.39m、重量が7160kgの石柱。こわすことができないので成分は不明だが、表面にもようがきざまれているので、人が作ったものだと思われている。

この石柱の力は、半径11m以内にある生物や物体を改良、進化させるというもの。発見場所である長野県蓼科湖では、石柱の影響を受けたと思われる異常なすがたになった魚たちがたくさん生息していた。その後の財団の実験では、ネズミが二足歩行して筋肉量が増加し、1.1mまで大きくなったこともあった。

また、石柱は現実改変の能力をもつ異常存在を無効化する力もあるという。現在は、周囲に生物などが入らないようにして、厳重に保管している。

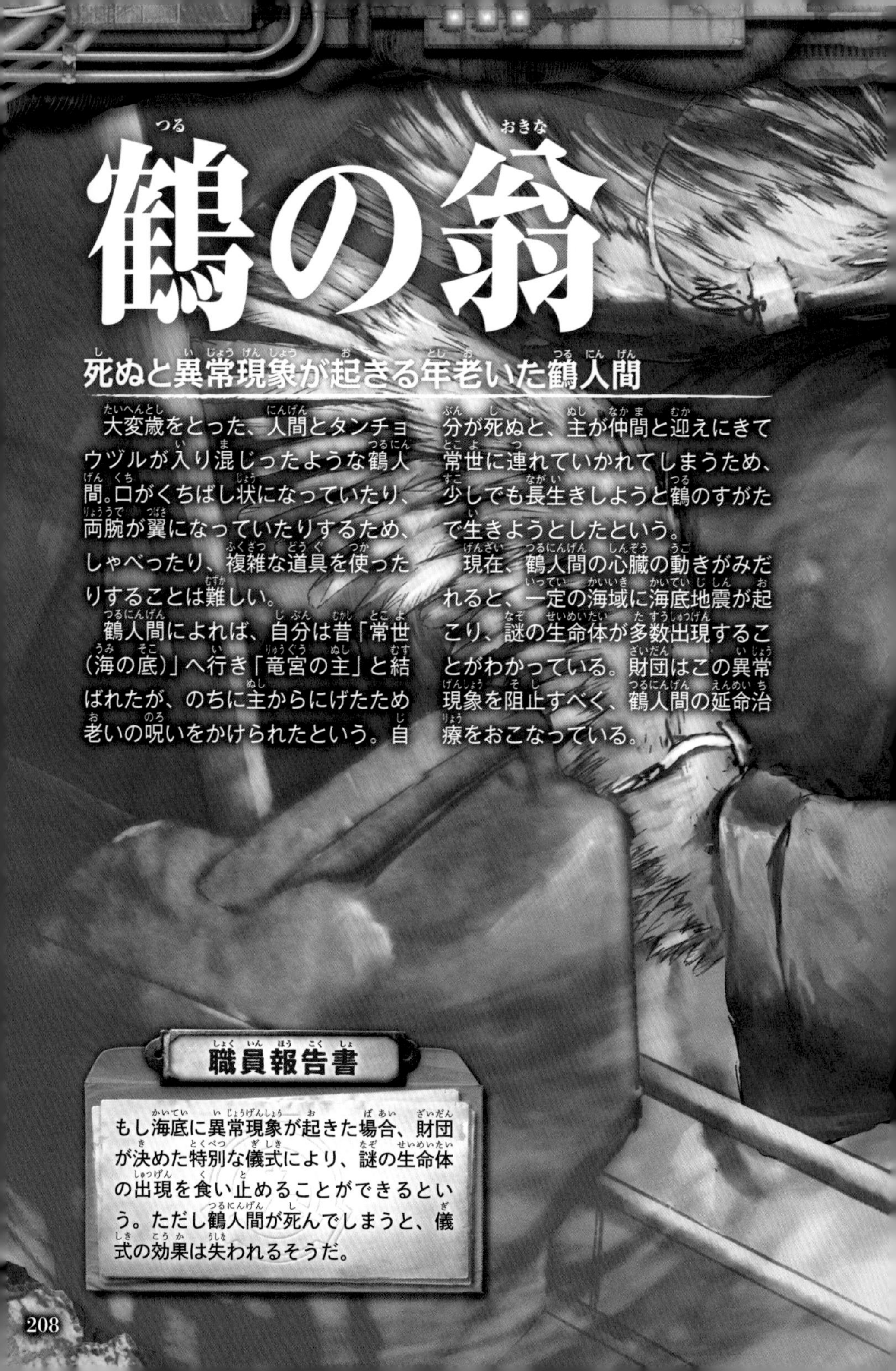

鶴の翁

死ぬと異常現象が起きる年老いた鶴人間

大変歳をとった、人間とタンチョウヅルが入り混じったような鶴人間。口がくちばし状になっていたり、両腕が翼になっていたりするため、しゃべったり、複雑な道具を使ったりすることは難しい。

鶴人間によれば、自分は昔「常世（海の底）」へ行き「竜宮の主」と結ばれたが、のちに主からにげたため老いの呪いをかけられたという。自分が死ぬと、主が仲間と迎えにきて常世に連れていかれてしまうため、少しでも長生きしようと鶴のすがたで生きようとしたという。

現在、鶴人間の心臓の動きがみだれると、一定の海域に海底地震が起こり、謎の生命体が多数出現することがわかっている。財団はこの異常現象を阻止すべく、鶴人間の延命治療をおこなっている。

職員報告書

もし海底に異常現象が起きた場合、財団が決めた特別な儀式により、謎の生命体の出現を食い止めることができるという。ただし鶴人間が死んでしまうと、儀式の効果は失われるそうだ。

File
4
データ
SCP-777-JP
危険度 ★★★
オブジェクトクラス Keter
収容方法 財団の特別医療房に保護し、常に専任の医療チームが治療と看護をおこなう。
怪人
原題『鶴の翁』

データ SCP-860

危険度 ★★★ **オブジェクトクラス** Safe

収容方法 ドアがなければ使用できないため収容はしやすく、小さな木箱に保管されている。

物質

原題『青い鍵』

File 4

青い鍵

何かがひそむ森につながるドアの鍵

どんなドアでも開けられるが、謎の森につながる鍵。濃い青色の鍵の表面にはランダムで変化する座標（場所をあらわす数字）が記されている。座標が示す場所にあるすべてのドアを、この鍵で開けることができる。ただし、開けたドアの先には青い霧が立ちこめる森があり、中に入るとドアは閉まって開けられなくなる。森には小道があり、無事に進めばコンクリートの壁とドアが見える。そこから本来のドアの先にある空間に出ることができる。

実験で森に入った人からは「遠ぼえのような音が聞こえた」などの異常が報告されている。実験時に撮影された映像には、何かに追いかけられている様子や低いノイズのような音が記録されていたが、その声の主は不明のままだ。青い霧の森には何かがひそんでいるようだ。

職員報告書

ドアの向こうで森で撮影された映像には、１秒ほど黄色い影が映っていたという。調査をしていた博士は録音された音声についても、逆再生するなどの方法で森にひそむ何かについて調べているようだ。

データ SCP-920

危険度 ★★★ オブジェクトクラス Euclid

収容方法 観測衛星で監視する。現在は、陸上、空中から彼を追うことは中止されている。

原題「ミスター・まいご」

ミスター・まいご

まいごになって世界中をさまよう男

アジア人男性のような見た目で、砂ばくや海など、どんな場所でもさまよい歩き、自分の行き先を決められないという異常性をもつ。彼を動かしたり、方向を変えさせたりすることはできない。もし彼を乗り物に乗せて運ぼうとすると、乗り物は道にまよう。彼のあとを追うと、彼自身も追った人物も道にまよう。彼に会った人は「彼と話したい。いっしょに歩きたい」という気持ちになるが、彼といると必ずまいごになり、ゆくえ不明になる可能性もある。

彼の左ふくらはぎには「リトル・ミスターズⓇの一員、ミスター・まいご by ワンダーテインメント博士」という入れずみがある。彼を作ったと思われる、ワンダーテインメント博士とは財団が要注意団体としている、正体不明の謎多き存在である。

職員報告書

ミスター・まいごが財団職員につかまったとき、その現場にサイト-207が建設された。しかし、職員がサイト-207を見つけることができず、その後サイト-207は使用できなくなった。

ノーチラスと猫

データ〈SCP-083-JP

現象

危険度 ★★★ オブジェクトクラス Euclid

収容方法 現在は位置が不明。もし発見された場合は、影響を受けた人物を確保、収容する。

原題『ノーチラスと猫』

File 4

水に落ちたネコをすくったオウムガイの物語

特定の小説を読むと発動する、2つの認識異常。

ひとつは、とある短編小説集を読むと必ず発症するオウムガイの認識異常。頭の中に海底にしずむオウムガイのイメージが頭にこびりつき、何事にも無関心になってしまう。

もうひとつは、夏目漱石の『吾輩は猫である』という小説を読むとまれに発症する、ネコの認識異常。頭の中に水におぼれて死んでしまうネコのイメージが生まれ、その人が小説を書くと、必ずネコが水に飛びこんで死ぬラストになってしまう。

この2つが同時に起こると、なぜかオウムガイの認識異常が消え、無関心状態から回復することができるという。そして、2つの認識異常が同時に起きた人が小説を書くと、水に落ちたネコをオウムガイが助けるというラストを迎えるという物語になるそうだ。

職員報告書

REPORT NUMBER

ノーチラスと猫

オウムガイの小説の作者

読めば無気力になるというオウムガイの短編小説集の作者は、熱心にボランティア活動をしていた人物だという。その人は晩年に心を病んで無気力になり、この小説を書いたあと、自宅で亡くなっている。

小説はすべてオウムガイによる独白（心に思うことを1人で言うこと）のかたちで進む。さらに「滑る両の手 上手の手とて 水は漏るるか すくえずに」「沈む水底 伸ばすは腕 我が手届かず オウムガイ」「誰も救えぬ 伸ばせぬ我は 殻に籠りて 唯没む」という3つの文章が、小説に散りばめられているという。主人公のオウムガイが、無気力で絶望している様子が伝わってくる。

この短編小説は、原稿用紙に書かれた約100ページの未発表作品だという。

『吾輩は猫である』による認識異常

オウムガイの小説集と同じように、夏目漱石の『吾輩は猫である』の小説を読むと、低確率で認識異常が発生するという。それは、必ず水に落ちて死ぬネコのイメージが、頭の中に生まれるというもの。そして認識異常にかかった人が小説を書こうとすると、そのネコがその人の意識下にあらわれ、小説の登場人物というかたちですがたをあらわすという。このネコは創作を積極的に助けてくれるのだが、物語のラストには必ず水に落ちて死ぬ運命をもつ。その運命は、小説を書いている本人でも変えられないという。

なお、小説内でネコが死ぬことで、ネコのイメージは消え、この認識異常から解放されるようである。

ネコの知性体は『吾輩は猫である』に出てくるネコに似ているらしい。

ネコを助けたオウムガイ

2つの小説の認識異常が起きた人の書いた小説の内容は、次のような結末になったという。

ネコが水に落ちると、水の中にオウムガイがいた。ネコはオウムガイに話しかけるが、やがて意識がうすらいでいく。するとこれまで他人に無関心だったオウムガイが動き、「水底の 猫をすくえよ ノーチラス」という決意とともにネコを救って、水面へ浮上した。ネコはオウムガイとともに、星空のもと、新たな船出を決意する。

なお「ノーチラス」とはオウムガイ属のことで、潜水艦の名前としても知られている。

SCPリスト（SCP番号順）

英語支部

日本支部

そのほかの支部

ILLUSTRATOR
イラストレータークレジット
(50音順)

※SCP名は原題を表記しています。

クレジット一覧

※SCP名は原題を表記しています。

作成年

P4 SCP-093-JP 生還可能な廃トンネル — 2015年
▶著者 Porsche466
▶URL http://scp-jp.wikidot.com/scp-093-jp

P6 SCP-1762 ドラゴンの逝く場所 — 2014年
▶著者・訳者 OZ Ouroboros、gnmaee
▶URL http://scp-jp.wikidot.com/scp-1762

P6 SCP-983 バースデー・モンキー — 2010年
▶著者・訳者 NekoChris、訳者不明
▶URL http://scp-jp.wikidot.com/scp-983

P8 SCP-049 ペスト医師 — 2009年
▶著者・訳者 Gabriel Jade_、djkaktus、Gabriel Jade、wired990
▶URL http://scp-jp.wikidot.com/scp-049

P18 SCP-131 "アイポッド" — 2008年
▶著者・訳者 Unknown Author、訳者不明
▶URL http://scp-jp.wikidot.com/scp-131

P20 SCP-085 手描きの"キャシー" — 2008年
▶著者・訳者 FritzWillie、訳者不明
▶URL http://scp-jp.wikidot.com/scp-085

P22 SCP-737 はらぺこ列車 — 2011年
▶著者・訳者 Tanhony、訳者不明
▶URL http://scp-jp.wikidot.com/scp-737

P24 SCP-904-JP 南海ピザデリバリーズ — 2014年
▶著者 mary0228
▶URL http://scp-jp.wikidot.com/scp-904-jp

P26 SCP-953 妖狐変化 — 2008年
▶著者・訳者 DrClef、GEL_0916
▶URL http://scp-jp.wikidot.com/scp-953

P28 SCP-1857-JP 常盤の桜 — 2021年
▶著者 first man
▶URL http://scp-jp.wikidot.com/scp-1857-jp

P30 SCP-3092 ゴリラ戦 — 2017年
▶著者・訳者 HunkyChunky、C-Dives
▶URL http://scp-jp.wikidot.com/scp-3092

P32 SCP-999 くすぐりオバケ — 2009年
▶著者・訳者 ProfSnider、tokage-otoko
▶URL http://scp-jp.wikidot.com/scp-999

P32、P78 SCP-682 不死身の爬虫類 — 2008年
▶著者・訳者 Dr Gears, Epic Phail Spy、訳者不明
▶URL http://scp-jp.wikidot.com/scp-682

P36 SCP-858 重力の虹 — 2013年
▶著者・訳者 Lowell、訳者不明
▶URL http://scp-jp.wikidot.com/scp-858

P38 SCP-111 ドラゴンカタツムリ™ — 2012年
▶著者・訳者 Adam Henderson、訳者不明
▶URL http://scp-jp.wikidot.com/scp-111

P40 SCP-434 自分会議 — 2010年
▶著者・訳者 Foweraker、訳者不明
▶URL http://scp-jp.wikidot.com/scp-434

P42 SCP-294 コーヒー自動販売機 — 2008年
▶著者・訳者 Arcibi、訳者不明
▶URL http://scp-jp.wikidot.com/scp-294

P44 SCP-649 冬でいっぱいのマッチ箱 — 2021年
▶著者・訳者 AsmodeusDark、Anonymous、Sirslash47、walksoldi
▶URL http://scp-jp.wikidot.com/scp-649

P46 SCP-1064 キャンドルリング — 2012年
▶著者・訳者 Meska、semiShigUre
▶URL http://scp-jp.wikidot.com/scp-1064

P48 SCP-2040-JP ようこそ未来へ — 2020年
▶著者 mojamoja
▶URL http://scp-jp.wikidot.com/scp-2040-jp

P50 SCP-6666 魔性のヘクトールと恐怖のティターニア — 2021年
▶著者・訳者 djkaktus、C-Dives
▶URL http://scp-jp.wikidot.com/scp-6666

P52 SCP-073 "カイン" — 2008年
▶著者・訳者 Kain Pathos Crow、訳者不明
▶URL http://scp-jp.wikidot.com/scp-073

P54 SCP-1374-JP 大団円 — 2018年
▶著者 KanKan
▶URL http://scp-jp.wikidot.com/scp-1374-jp

P56 SCP-209-JP Safeクラスオブジェクト — 2014年
▶著者 dr_toraya
▶URL http://scp-jp.wikidot.com/scp-209-jp

P58 世界オカルト連合事件簿 — 2014年
▶著者・訳者 DrClef、Nanimono Demonai
▶URL http://scp-jp.wikidot.com/goc-hub-page

P60 サーキシズム-ハブ — 2016年
▶著者・訳者 Metaphysician、kidonoi
▶URL http://scp-jp.wikidot.com/sarkicism-hub

P60 カオス・インサージェンシーハブ — 2014年
▶著者・訳者 TwistedGears、kidonoi
▶URL http://scp-jp.wikidot.com/chaos-insurgency-hub

P61 壊れた神の教会ハブ — 2014年
▶著者・訳者 HammerMaiden、C-Dives
▶URL http://scp-jp.wikidot.com/church-of-the-broken-god-hub

P61 蛇の手ハブ — 2014年
▶著者・訳者 thedeadlymoose、kidonoi
▶URL http://scp-jp.wikidot.com/serpent-s-hand-hub

P62 SCP-268-JP 終わらない英雄譚 — 2014年
▶著者 home-watch
▶URL http://scp-jp.wikidot.com/scp-268-jp

P64 オブジェクトクラス — 2014年
▶著者・訳者 Aelanna、MayD、Dr Devan
▶URL http://scp-jp.wikidot.com/object-classes

P66 SCP-2639 ビデオゲーム・バイオレンス — 2017年
▶著者・訳者 The Great Hippo、C-Dives
▶URL http://scp-jp.wikidot.com/scp-2639

P70、P77 SCP-408 幻想蝶 — 2008年
▶著者・訳者 Dr Kondraki、訳者不明
▶URL http://scp-jp.wikidot.com/scp-408

P72 SCP-710-JP-J 財団神拳 — 2014年
▶著者 Kwana
▶URL http://scp-jp.wikidot.com/scp-710-jp-j

P74 SCP-515-ARC 蝶々のカメラ — 2008年
▶著者・訳者 Dr Kondraki、Tanabolta
▶URL http://scp-jp.wikidot.com/scp-515-arc

P77 SCP-143 刃桜 — 2008年
▶著者・訳者 Kain Pathos Crow、訳者不明
▶URL http://scp-jp.wikidot.com/scp-143

P77 SCP-295 焼けむし — 2008年
▶著者・訳者 Dr Kondraki、Tanabolta
▶URL http://scp-jp.wikidot.com/scp-295

P77 SCP-698 判定ガメ — 2011年
▶著者・訳者 Player 02、Voct、訳者不明
▶URL http://scp-jp.wikidot.com/scp-698

P78 SCP-409 伝染性の水晶 — 2008年
▶著者・訳者 Dr Gears、訳者不明
▶URL http://scp-jp.wikidot.com/scp-409

P80 SCP-1162 宇宙飛行士のジョー — 2021年
▶著者・訳者 Rounderhouse、C-Dives
▶URL http://scp-jp.wikidot.com/scp-1162

P82 SCP-169 リヴァイアサン — 2008年
▶著者・訳者 Unknown Author、訳者不明
▶URL http://scp-jp.wikidot.com/scp-169

P84 SCP-1879 インドアなセールスマン — 2013年
▶著者・訳者 marslifeform、Raihachi
▶URL http://scp-jp.wikidot.com/scp-1879

P86 SCP-4205 💻目は口ほどに物を言う? — 2019年
▶著者・訳者 Woedenaz、Rokurokubi
▶URL http://scp-jp.wikidot.com/scp-4205

P90 SCP-743 チョコレート・ファウンテン — 2009年
▶著者・訳者 Quikngruvn、tokage-otoko
▶URL http://scp-jp.wikidot.com/scp-743

P92 SCP-1357 子供のための遊園地 — 2013年
▶著者・訳者 marslifeform、m0ch12uk1
▶URL http://scp-jp.wikidot.com/scp-1357

P94 SCP-5912 登ることこそ生きること — 2021年
▶著者・訳者 Penton、Fennecist
▶URL http://scp-jp.wikidot.com/scp-5912

P96 SCP-7962 金色の悟り — 2022年
▶著者・訳者 Trintavon、C-Dives
▶URL http://scp-jp.wikidot.com/scp-7962

P98 SCP-822 地雷サボテン — 2009年
▶著者・訳者 Aelanna、訳者不明
▶URL http://scp-jp.wikidot.com/scp-822

P100 SCP-1733 開幕戦 — 2012年
▶著者・訳者 bbaztek、KirisakiMarie
▶URL http://scp-jp.wikidot.com/scp-1733

P102 SCP-250 アロサウルスの大部分 2008年
▶著者・訳者 Dr Kondraki、Voct、訳者不明
▶URL http://scp-jp.wikidot.com/scp-250

P104 SCP-826 ＊ほんのなかにいる＊ 2009年
▶著者・訳者 Clopine、訳者不明
▶URL http://scp-jp.wikidot.com/scp-826

P108 SCP-985 手荷物紛失所 2011年
▶著者・訳者 Daedalize、訳者不明
▶URL http://scp-jp.wikidot.com/scp-985

P110 SCP-529 半身猫のジョーシー 2008年
▶著者・訳者 Unknown Author、訳者不明
▶URL http://scp-jp.wikidot.com/scp-529

P112 SCP-2317 異世界への扉 2014年
▶著者・訳者 DrClef、boatOB
▶URL http://scp-jp.wikidot.com/scp-2317

P114 SCP-511-JP けりよ 2020年
▶著者・訳者 Pear_QU
▶URL http://scp-jp.wikidot.com/scp-511-jp

P118 機動部隊 2014年
▶著者 不明、Dr Devan
▶URL http://scp-jp.wikidot.com/task-forces

P120 SCP-527 ミスター・おさかな 2013年
▶著者・訳者 不明、訳者不明
▶URL http://scp-jp.wikidot.com/scp-527

P122 SCP-8900-EX 青い、青い空 2010年
▶著者・訳者 tunedtoadeadchannel、Porsche466
▶URL http://scp-jp.wikidot.com/scp-8900-ex

P124 SCP-3008 完全に普通の、ありきたりな古いイケア 2017年
▶著者・訳者 Mortos、C-Dives
▶URL http://scp-jp.wikidot.com/scp-3008

P126 SCP-076 機動部隊Ω-7事件記録 2010年
▶著者・訳者 DrClef、Red_Selppa
▶URL http://scp-jp.wikidot.com/scp-076-2

P126 SCP-076 "アベル" 2008年
▶著者・訳者 Kain Pathos Crow、DrClef、訳者不明
▶URL http://scp-jp.wikidot.com/scp-076

P128 SCP-784 今日は楽しいクリスマス 2012年
▶著者・訳者 Snowshoe、Tanabolta
▶URL http://scp-jp.wikidot.com/scp-784

P130 SCP-050 最も賢きものへ 2009年
▶著者・訳者 AdminBright、訳者不明
▶URL http://scp-jp.wikidot.com/scp-050

P132 SCP-963 不死の首飾り 2008年
▶著者・訳者 AdminBright、訳者不明
▶URL http://scp-jp.wiki.wikidot.com/scp-963

P132 文書050 2009年
▶著者・訳者 AdminBright、Dr Devan
▶URL http://scp-jp.wiki.wikidot.com/document-050

P134 SCP-3152-JP バック・トゥ・ザ・チューシャー 2024年
▶著者 highbriku
▶URL http://scp-jp.wikidot.com/scp-3152-jp

P136 SCP-504 批判的なトマト 2009年
▶著者・訳者 BlastYoBoots、訳者不明
▶URL http://scp-jp.wikidot.com/scp-504

P138 SCP-2352 死に体のビデオブロガーと諦めの悪い異次元のファン 2016年
▶著者・訳者 newnykacolaquantum、C-Dives
▶URL http://scp-jp.wikidot.com/scp-2352

P140 SCP-777 砂の王国 2011年
▶著者・訳者 Tanhony、訳者不明
▶URL http://scp-jp.wikidot.com/scp-777

P142 SCP-072-TH 城を守る騎士達 2014年
▶著者・訳者 Genya Arikado、Hasuma_S
▶URL http://scp-jp.wikidot.com/scp-072-th

P144 SCP-766 人型空間異常 2009年
▶著者・訳者 J Driggs、訳者不明
▶URL http://scp-jp.wikidot.com/scp-766

P146 SCP-818-JP えらいねぇ〜 2016年
▶著者 HURUMOTO65
▶URL http://scp-jp.wikidot.com/scp-818-jp

P148 SCP-015-IT ウオモ・ネロ 2018年
▶著者・訳者 DrGraph、C-Dives
▶URL http://scp-jp.wikidot.com/scp-015-it

P150 SCP-240-JP 0匹のイナゴ 2014年
▶著者 dr_toraya
▶URL http://scp-jp.wikidot.com/scp-240-jp

P154 SCP-081-JP 永久ひんやり水着 2013年
▶著者 Kwana
▶URL http://scp-jp.wikidot.com/scp-081-jp

P156 SCP-4999 私たちを見守るもの 2018年
▶著者・訳者 CadaverCommander、Fennecist
▶URL http://scp-jp.wikidot.com/scp-4999

P158 SCP-147-JP この檻の外へ 2014年
▶著者 grejum
▶URL http://scp-jp.wikidot.com/scp-147-jp

P160 SCP-243-JP 恩人へ 2014年
▶著者 grejum
▶URL http://scp-jp.wikidot.com/scp-243-jp

P164 SCP-998-JP 外宇宙通信電波 2014年
▶著者 grejum
▶URL http://scp-jp.wikidot.com/scp-998-jp

P168 財団内部部門 2022年
▶著者・訳者 Jerden、G and B Channel
▶URL http://scp-jp.wikidot.com/departments

P170 SCP-280-JP 縮小する時空間異常 2015年
▶著者 dr_toraya
▶URL http://scp-jp.wikidot.com/scp-280-jp

P174 SCP-508-JP 巨人 2014年
▶著者 locker
▶URL http://scp-jp.wikidot.com/scp-508-jp

P176 SCP-548-JP 歌う雨音 2016年
▶著者 29mo
▶URL http://scp-jp.wikidot.com/scp-548-jp

P180 SCP-062-JP 生存権 2014年
▶著者 ZeroWinchester
▶URL http://scp-jp.wikidot.com/scp-062-jp

P182 SCP-1730-JP このへんないきものは、 2019年
▶著者 izhaya
▶URL http://scp-jp.wikidot.com/scp-1730-jp

P184 SCP-670 コットンさんの家族 2011年
▶著者・訳者 Tanhony、Tanabolta
▶URL http://scp-jp.wikidot.com/scp-670

P186 SCP-2521 ●●|●●●●●|●●|● 2015年
▶著者・訳者 LurkD、Red_Selppa
▶URL http://scp-jp.wikidot.com/scp-2521

P188 SCP-ES-004 木の王様 2013年
▶著者・訳者 Vlank、sumiccoBenthos
▶URL http://scp-jp.wikidot.com/scp-es-004

P190 SCP-348 パパの贈り物 2012年
▶著者・訳者 Zyn、訳者不明
▶URL http://scp-jp.wikidot.com/scp-348

P192 SCP-322 「キミだけのおしろをそだてちゃおう」キット 2008年
▶著者・訳者 Kain Pathos Crow、訳者不明
▶URL http://scp-jp.wikidot.com/scp-322

P194 SCP-559 バースデータイム! 2008年
▶著者・訳者 Wheen、訳者不明
▶URL http://scp-jp.wikidot.com/scp-559

P196 SCP-035-JP フラワープ 2013年
▶著者 private_43
▶URL http://scp-jp.wikidot.com/scp-035-jp

P198 SCP-4975 時間切れ 2019年
▶著者・訳者 Scented_Shadow、C-Dives
▶URL http://scp-jp.wikidot.com/scp-4975

P200 SCP-729-JP ジャッキー・チェア 2016年
▶著者 dj_FRMK
▶URL http://scp-jp.wikidot.com/scp-729-jp

P202 SCP-120-JP 世界で一番の宝石 2014年
▶著者 ZeroWinchester
▶URL http://scp-jp.wikidot.com/scp-120-jp

P206 SCP-2010-JP モノリス 2020年
▶著者 Karathh
▶URL http://scp-jp.wikidot.com/scp-2010-jp

P208 SCP-777-JP 鶴の翁 2016年
▶著者 tokage-otoko
▶URL http://scp-jp.wikidot.com/scp-777-jp

P210 SCP-860 青い鍵 2010年
▶著者・訳者 Enma Ai、訳者不明
▶URL http://scp-jp.wikidot.com/scp-860

P212 SCP-920 ミスター・まいご 2011年
▶著者・訳者 Salman Corbette、訳者不明
▶URL http://scp-jp.wikidot.com/scp-920

P214 SCP-083-JP ノーチラスと猫 2018年
▶著者 kyougoku08
▶URL http://scp-jp.wikidot.com/scp-083-jp

●監修者

朝里 樹［あさざと いつき］

作家。北海道在住。公務員として働くかたわら、怪異・妖怪の収集・研究をおこなう。著書に『続・日本現代怪異辞典』（笠間書院）、著書・監修に『日本怪異妖怪事典』シリーズ（笠間書院）、監修に『大迫力!戦慄の都市伝説大百科』（西東社）、『創作のための魔術＆錬金術用語辞典』（玄光社）など多数。

●イラスト（五十音順）
合間太郎、あおひと、anco、icula、池田正輝、
石毛洋輔（ノーチのしっぽ研究所）、石丸 純、市川友章、
空蝉らり、海野シュウスケ、怪人ふくふく、金子大輝、
キェーキ、古賀マサヲ、こしあん、債鬼、タレメタル、Toy(e)、
なすみそいため、ニハチ、ノInH、日永エベ、プーチャミン、
fracoco、増田羊栖菜、madOwl、森野ヒロ、ロブジャ、
若林やすと

●写真提供
photoAC、silhouetteAC、pxhere、Wikimedia Commons

●デザイン・DTP
芝 智之

●編集協力
えいとえふ

大迫力！異常存在SCP大百科2

2024年7月25日発行　第1版

監修者　朝里 樹
発行者　若松和紀
発行所　株式会社 西東社
〒113-0034　東京都文京区湯島2-3-13
https://www.seitosha.co.jp/
電話　03-5800-3120（代）
※本書に記載のない内容のご質問や著者等の連絡先につきましては、お答えできかねます。

ISBN 978-4-7916-3373-9